電通巨大利権

本間龍

CYZO

電通巨大利権

東京五輪で搾取される国民

はじめに

２０１２年に記した『電通と原発報道』の中で、私は広告業界における電通の圧倒的な優位性や、原発広告に関して同社が果たした役割を指摘し、同社の巨大利権について懸念を表明した。

だがその後も、海外市場での広告会社の度重なる買収や、様々な国際スポーツイベントプロモーションの権利獲得、２０２０年東京オリンピック（以下、五輪）運営の独占受注などによる電通の巨大利権化はますます顕著となってきたので、改めてそうした状況に対する警鐘を鳴らさなければならないという思いを強くしていた。そこに２０１６年10月、電通の新入社員自殺事件が明らかとなり、そのあまりの理不尽さに対する憤りも、本書執筆の原動力となった。

広告業界の圧倒的ガリバー企業である電通は、ここ数年不祥事が続発していた。15年の東京五輪エンブレム盗作問題、さらにその五輪招致における裏金疑惑、そして16年9月に発覚したネット業務不正請求事件だ。とりわけ五輪エンブレム盗作問題とネット不正請求事件は、とても電通とは思えない仕切りの悪さに唖然とさせられた。これは現場のレベルが確実に落ちていることの証左であろう。

もっとも、五輪エンブレム盗作問題と不正請求事件における不正の中身は全く異なる。前者は電通から東京五輪組織委員会に派遣されていた者の驕りによって生じ、後者は行き過ぎた効率追及と精神主義の同居が制作現場を疲弊させていたのだ（これについては本書で詳述する）。

そしてさらに、高橋まつりさんの過労自殺事件が明らかになった。どうせ大手メディアは形ばかりの報道に終始するだろうから、なんとか自分なりに電通の問題点をまとめなければ、とその時に決意した。

この事件によって、電通のブランドイメージは完全に崩壊した。というよりも、それまで広告業界やメディア関係者以外にあまり知られていなかった「影の支配者」電通は、社員を虐待するだけでなく、社会規範を無視する「ブラック企業」として皮肉にも多数の国民に認知されたのだった。

しかし、企業ブランドは大ダメージを受けたものの、電通の業績は揺らいでいない。17年12月の営業利益は前年比10％増を予想しており、今後も大きなマイナス要因はないとされている。検察の起訴を受けて関係省庁や地方団体は相次ぎ発注停止処分を発表したが、その多くは僅か1ヶ月程度であり、業績に与える影響は軽微なようだ。とはいえさすがに17年の官公庁関連の業務発注は減少するだろうが、すぐ元に戻るだろう。

また、一連の事件を受けても、スポンサー企業のほとんどは電通離れを起こしていない。日頃コンプライアンスだ、企業の社会的責任だなどときれい事を表明していても、多少の不祥事には目をつぶって電通に頼った方が利益になるという企業の本音が透けて見える。

大手メディアは労働問題に関してはある程度報じていたが、それ以上に踏みこんだ取材をしなかった。例えば、ネット不正請求事件に関して後追い報道したところは皆無だったし、本書で詳述している五輪ボランティアに関する問題や憲法改正国民投票における電通の関わりを問題視した大手メディアは全くない。

つまり、あれほど世間を騒がせたいくつもの事件があったにも関わらず、メディアが報じたのは電通社内の自殺事件だけであり、同社が関わる広告業界の構造的問題や一社独占による様々な弊害は顕在化されず、放置されたままなのだ。

電通の巨大利権化は止まらず、今後はラグビーW杯や東京五輪、さらには憲法改正国民投票の実施という巨大な金城湯池《きんじょうとうち》が予定されている。あらゆる大型イベントは全て電通によって運営され、巨額の利益を一社独占していく。

その結果は電通に利益をもたらすだけでなく、陰でさらにメディアに対する発言権を強化していくことになる。真夏に強行する五輪で9万人以上と予想されるボランティアを全て無償で使おうという理不尽や、酷暑での開催強行によって多くの人々の命を危険に晒そうとしているのに多くの国民がそれに気づかないのは、大半のメディアがそれを報道しないからだ。本書ではその理由と仕組みを明らかにする。

本書は一連の電通事件の仕組みと、日本の国そのものの将来に禍根を残す、電通という超巨大企業の問題点について、できるだけ平易にまとめたものだ。一人でも多くの人が真実を知るきっかけになってくれれば幸甚である。

目次

はじめに

はじめに 2

第1章 最強広告代理店、電通に忖度しまくるマスメディア

メディアの支配者 14
東京MXテレビで露見した電通タブー 18
MX編成局の「忖度」 22
大手メディアはスポンサーと電通しか見ていない 25
数字でみる電通、その圧倒的な巨大性 27
徹底的な「テレビ依存」体質 31
あらゆるイベントを手中に 35
制御出来ないSNSと忖度する大手メディアの落差 38
日本の広告業界の特殊性（1）一業種多社 41
日本の広告業界の特殊性（2）メディア購入と制作部門の同居 43
日本の広告業界の特殊性（3）メディア販売と購入の同居 45
海外広告代理店に対する「非参入障壁」 46
電通は既に「第5の権力」である 48

第2章　電通ブランド崩壊の序曲
東京五輪エンブレム問題の勃発　54
エンブレム問題の経過　56
エンブレム問題の核心　58
平野敬子氏の内部告発とデザイン業界の異様　60
フランスからの狙撃――オリンピック誘致裏金疑惑　63
インターネット業務での「不適切取引」の露見　67
新聞各社の「忖度」度合　72
東芝の巨額粉飾でも忖度　74
不正請求事件に関する視点　75
不正をしてもスポンサーは離反しない？　79
第3章　電通過労死事件の衝撃
クリスマスの投身自殺　82
最高裁で敗訴した1991年の過労死から変わらない企業体質　84

コネ入社でなかったゆえの悲劇 86
ツイートの衝撃 89
電通人事局、初動の失敗 91
安倍首相、直々の苦言 94
電通のイメージ悪化が東京五輪にダメージ? 96
「22時一斉消灯」突然の実施 99
電通の「焦土戦術」 101
NHKの猛追及 105
厚労省強制捜査 108
電通のオリンピック巨大利権 110
迷走する社内 113
ブラック企業大賞「何人もの労働者がこの企業に殺された」 117
書類送検で石井社長、遂に引責辞任 121

第4章 電通の地に落ちた危機管理能力

電通が失った2つのブランド力 130

電通の社内改革案 134
「鬼十則」の功罪 137
官公庁による電通外しの開始 140
組織委、電通をわずか1ヶ月の発注停止処分に 145
新たな火種——共同通信との金銭癒着が露呈 147
大スクープを報じない他メディアの弱腰 150
究極の疑惑——共同通信の他の記事も電通に「買われて」いるのか 152
さまぁ～ずの番組で自衛隊のステルスマーケティングを強行 153
厚労省捜査の終結 156
高橋まつりさんの母、幸美さんの言葉 158

第5章 電通のためにある悪夢の巨大イベント

国民のほとんどが知らない巨大広告イベント「憲法改正国民投票」 162
電通にオリンピックを担う資格はあるか 164
潤沢な資金を留保してボランティアをただ働き? 168
組織委と電通の怪しい「数字操作」 170

組織委と電通はボランティアを有償にせよ 180
「ボランティア」とは「無償」という意味ではない 184
ボランティアボイコット、3万3千リツイートの衝撃 188
反論ツイートへの見解 191

第6章　電通を解体せよ

憲法改正国民投票における電通の役割と危険性 196
改憲派は電通の力で圧倒的有利に 199
3・11以前と同様、再びメディアは自粛する 203
2016年参院選における自民党TVCMのごり押し 208
電通は独占禁止法違反ではないか 217
電通は解体すべきだ 221

おわりに 228

第1章

最強広告代理店、電通に忖度しまくるマスメディア

メディアの支配者

電通が日本の政治を支配している、ＣＩＡの手先である、はたまた韓国や中国のために活動しているなどの言説がある。

私は、かつて博報堂の社員であったが、そのような事実を確認したことがない。執筆を生業にするようになってからも同様だ。本書は博報堂での経験と公開されている情報、さらに筆者の取材で事実と確認できた事柄のみ扱っていることを、あらかじめ述べておきたい。

まずはっきりしているのは、電通が支配しているのは日本の「政治」ではなく、日本の「メディア」であるということで、これは広告という領域においては厳然たる事実だ。それが「電通支配」伝説の元になっている。

そしてそれは単純に言えば、戦後日本のメディア4媒体（テレビ・ラジオ・新聞・雑誌）全てにおいて、売り上げシェアがずっとナンバーワンだったからだ。これはあらゆる業界において、シェア1位の企業は価格決定力や交渉力が強いのと同じである。

特にその中で、テレビという一番強力な媒体のシェアが4割近いことが支配力の源泉になっている（30ページ図5）。

日本の総広告費約6兆2千億円（2016年度）のうち、テレビが占める割合は3割近く（新聞・雑誌などは1割に全然満たない）である。具体的には、約1・8兆円の市場規模のテレビ業界で37・7％のシェア、市場規模が約5431億円の新聞で16・4％、市場規模が約2223億円の雑誌で12・3％、市場規模が1285億円のラジオで11・0％のシェアを誇っている。いずれも他代理店よりもはるかに強力であり、これに対抗しうるのは事実上、博報堂しか存在しない。

さらに日本では、欧米では制限されているクロスオーナーシップ（特定資本が複数メディアを傘下にすること）によってメディア間の結びつきが強いため、やはりその中核となるテレビでシェア1位であることが重要だ。

しかも、4媒体でのシェア1位はここ数十年間、不動である。つまりその地位は非常に強固であり、それゆえ媒体からは常に最上級、最優先の扱いを受けられる。あらゆる媒体の購入交渉で「電通専用枠」があり、他代理店には難しい広告枠の買い占めやダンピングも電通であれば可能なのだ。

　媒体における「シェア」とはその媒体の販売枠をどれだけ売る能力があるか、すなわちどれだけ多くのスポンサーを連れてこられるか、ということに尽きる。メディアの経営はほとんどスポンサーの広告費で成り立っているから（図1）、その広告費を一番多く運んできてくれる電通は、あらゆるスポンサーよりも上位の存在となる。だからメディアは常に電通の顔色をうかがうようになったのだ。

　そして電通は自らの地位を活用しつつ、スポンサーの忠実な僕《しもべ》として、スポンサーに対するネガティブな報道や批判記事が世に出るのを防いできた。但しそれは暴力的手段によってではなく、広告出稿を交渉手段としてである。ある程度の広告出稿がある相手には広告出稿中止をちらつかせ、ない相手には逆に

■メディアの広告依存率は高い（図1）

新聞 全収入の 3～4割が広告	**雑誌** 全収入の 6～7割が広告
テレビ・ラジオ 全収入の 7割以上が広告	**インターネット** 全収入の 8割以上が広告

新規出稿を報道中止のバーターとして持ちかけるという手法だ。これは70～80年代まで盛んに行われた。

ただこうしたあからさまな手法は電通の上場（01年）以降影を潜めたが、逆に過去の歴史を見てきたメディア側が過度に電通に「忖度」するようになった。特にバブル崩壊後の広告費削減に苦しむ大手メディアはその傾向を強め、電通から具体的な要請がないのに、メディア側が勝手に「自主規制」してしまう体制が出来上がった。

電通出身者はよく「メディアに対する圧力なんてない」「圧力なんて伝説だ」と言う。確かに現在は、70～80年代のように何かあれば電通の営業がすっ飛んできて露骨な圧力をかけるようなことはない。しかしその代わり、現在はメディア側が勝手に自主規制する風潮が蔓延し、電通が自ら圧力をかける必要がなくなったのだ。

忖度される側は、忖度する側の気遣いに気づかない。私も博報堂在職中は、メディア側の気遣いにほとんど気づかなかった。相手はいちいち「忖度しておきました」などと言わず、とにかくもめごとになりそうな芽を自ら摘み、ひたすら低姿勢で接してくる。

そしてそのような例は、今や大手新聞社にまで及んでいる。そのような事例は山ほどあるが、実名を出さないという条件で聞いているので残念ながら書くことが出来ない。その代わり、最近私自身がその実例を体験したのでここに紹介する。

東京MXテレビで露見した電通タブー

2016年10月1日、東京MXテレビで毎週月曜夜22時から放映中の「ニュース女子」という番組の制作会社から、同番組へのゲスト出演依頼があった。前月末に電通が記者会見して謝罪した、ネット不正請求問題について話して欲しいとの依頼だった。

この番組は毎回保守色の強い論客（大学教授、作家等）を4～5人揃え、3本程度の時事ネタを若い女性タレントに解説するというニュースバラエティ番組だ。ゴールデンタイムの放送であり、MXとしても力を入れている番組のようで、その回は東京都の豊洲問題、ビットコイン、そして電通のネット不正請求問題を取り上げたいとのことだった。

ここで簡単に番組制作の仕組みを説明すると、現在の民放番組のほとんどは、外注制作会社（プロダクション）によって作られている。

番組を作る膨大な機材やスタッフを常時社内で抱えることが難しいためで、「〇〇テレビの番組」などと言っても、内実は制作会社が企画・制作した番組をテレビ局が電波に乗せているだけのことが多い。テレビ局側は内容チェックと局の名義を貸しているだけで、実際の現場のほとんどは制作会社に任せきりなのだ。

この「ニュース女子」も全く同様で、連絡をしてきた制作会社が番組の企画や人選を一手に引き受けていた。

とはいえ厳しく電通批判をする私にとって、最も電通の影響力が強いテレビ局への出演可能性は限りなく低いので、連絡をくれた制作会社のディレクターに「私なんか出して、本当に大丈夫？」と何度も確認した。

それに対し、「不正請求事件は電通自身が記者会見まで開いて大きく報道されたので、それを扱うのは何の問題もありませんよ」との返答であり、「制作に関しては全てM

Xから一任されているので大丈夫」とのことだったので、それならばとゲスト出演を了承した。収録は10月6日、放映は10日とのことであった。

送付されてきた企画書では、いきなり「不正請求を問う」という言い方はさすがに厳しいので、「電通にまつわる噂」というタイトルで最近の電通の様々な問題（五輪エンブレム騒動、五輪招致裏金疑惑、不正請求問題等）を提示して、ゲスト出演する私に意見を求める、という内容だった。

時間的には10分ほどで、司会者やレギュラーコメンテータなどは著名人ばかりで日頃電通にお世話になっている人が多いから、ゲストの私に喋らせることによって「あれはゲストの本間の意見だから」という体裁を作ることができるという構成だった。

ディレクター氏はテレビで電通の諸問題を扱うことの難しさは十分に分かっているようで、噂程度ではもちろん取り上げられないが、今回は電通自体が記者会見したネタなので問題ないと判断していたようだった。私も企画書や台本が送られてきたので、問題なく収録までいくかと思っていた。

しかし、やはりことはそう簡単には運ばなかった。

■制作会社から送られてきた「ニュース女子」内容表（図2）

本間龍　様

「ニュース女子」＃７９　VTR内容表

【１０月６日(木)収録／MXﾃﾚﾋﾞ１０月１０日(月)･DHCｼｱﾀｰ１０月１４日(金)OA予定】

トークテーマ②『電通にまつわる噂』

国内の広告市場のシェア25%。広告業界では世界最大のおよそ１兆５千億円の年間売上高を誇る「電通」。

そんな電通が先月、インターネット上の広告掲載をめぐり、不正な取引があったことを認めた。

対象は111社、総額は２億3000万円に達する。

ネット広告関係者の間では「業界に不透明な取引が横行していることが背景にある」と「氷山の一角」と
言う声も。

また、今年５月には、東京五輪招致委員会が開催権を獲得するために２億数千万円の裏金をばらまいていた
ことが発覚。その中心的役割を果たしたのが「電通」ではないかという疑惑も・・・。

『広告界のガリバー』という異名を持つ「電通」。

そもそも「電通」は、いかにしてこれほどまでの成長を遂げたのか。

創業は１９０１年。日本広告社と日本電報通信社が１９０７年に合併し、通信と広告の兼営会社に。

その後、１９４７年、第４代社長に吉田秀雄氏が就任。有名な「鬼十則」というスローガンの下、日本の広告
市場の制覇を試みた。

また、吉田氏は満州や上海から引き上げてきた、旧軍人・満鉄関係者を大量に採用。吉田が「スカウト」した
大物たちは次々と日本支配層の一線に復帰し政界・官界・財界・マスコミ界に大きなコネクションを築いて
いった。

そして戦後の高度成長期、テレビの登場で急成長を果たし、１９７４年には広告取扱高世界１位に躍り出る。

巨大化した背景にあるのが、一業種一社制の問題だ。

一業種一社制とは、１つの業種の中で広告代理店は１つの企業からしか受注できないシステムのこと。

同業他社を同じ会社が受け持つと顧客企業の新製品の機密情報の保守など社会モラルを含むからだ。

海外のほとんどの先進国では、この制度が原則とされているが、日本では徹底されておらず、
電通が同業他社の広告をいくつも担当している状態。

巨額な広告費を背景に巨大化した「電通」。

業界での「１強支配」は続き、長きにわたって政財界マスコミを牛耳っていると言われているが・・・。

●VTR降り質問⇒「『電通』にまつわる噂って本当ですか？」

MX編成局の「忖度」

収録を2日後に控えた10月4日の夜になってディレクター氏から電話があり、出演中止を告げられた。制作会社が確認用として当日の収録台本と番組内で使用するフリップ案をMX編成局に提出したところ、しばらくして電通の部分だけ収録を中止するようにとの指示があったという。

その理由としては、とにかく「電通ネタは放送するな」とのことであり、ゲストの私の出演拒否ということではなく、「電通のネタは放送できない」ということだった。ディレクター氏は「既に9月23日に各局で記者会見の模様が報道されたので問題ないのではないか」と食い下がったが、「電通の不正問題を放送することは絶対に不可」だと一蹴されたという。

MXの態度自体はある程度予想されたことだったので私は特に驚かなかった。ディレクターの落胆や謝意は電話を通してよく理解できたし、放送中止は最終的に放送責任を負うMXの意向なので、制作会社に責任はない。むしろ、今まで電通の威光にひれ伏すメディアの実態を随分聞いてきたが、遂に自分自身でそれを体験することになったので面白く感じたほどだ。

それにしてもこの「電通のニュースは絶対に流すな」という見事なまでの自主規制は、まさしく現在のメディアの電通に対する弱腰というか、忖度ぶりを示す好例ではないだろうか。

かつて、東京ＭＸは関東ローカルのテレビ局で規模は小さいが、それゆえに比較的自由な番組制作が出来るという評判だった。ところが最近はジャーナリストの岩上安身氏や上杉隆氏など、番組中で遠慮なく政府批判をしたり、電通の名を出したコメンテーターが出演番組を降板させられる例が相次ぎ、その陰にはやはり電通の存在があると言われていた。彼らほどの知名度があると、さすがに電通から婉曲に降板要請があったという。

だが今回は、内容やタイミングからしてさすがに電通の介入ではなく、ＭＸ編成局の一方的な「忖度」による出演中止と思われた。

私の場合は知名度などゼロに等しいし、ニュースを扱う番組とはいえほとんどワイドショー的な構成であり、しかもたった一回限り、10分程度の出演なので可能ではないかと思ったが、やはり電通に対する局の「自主規制」の岩盤はとてつもなく厚かったというべきなのだろう。

果たして、そんなふうに必死に尻尾を振ったからといって、電通は評価してくれるのだろうか。残念ながらそうなるとは到底思えない。なぜならMXは関東ローカル局であり、電通内部における媒体価値は全国キー局に比べて格段に低いからだ。ご主人様はいちいち末端の気遣いなど評価しないのだ。

出演中止を受け、早速この件をツイート発信したところ、数日で8000リツイートを超えた。これは相当な数であり、ツイッターのインプレッション（ユーザーが当該ツイートを見た回数）は約80万回以上にもなったから、もしか

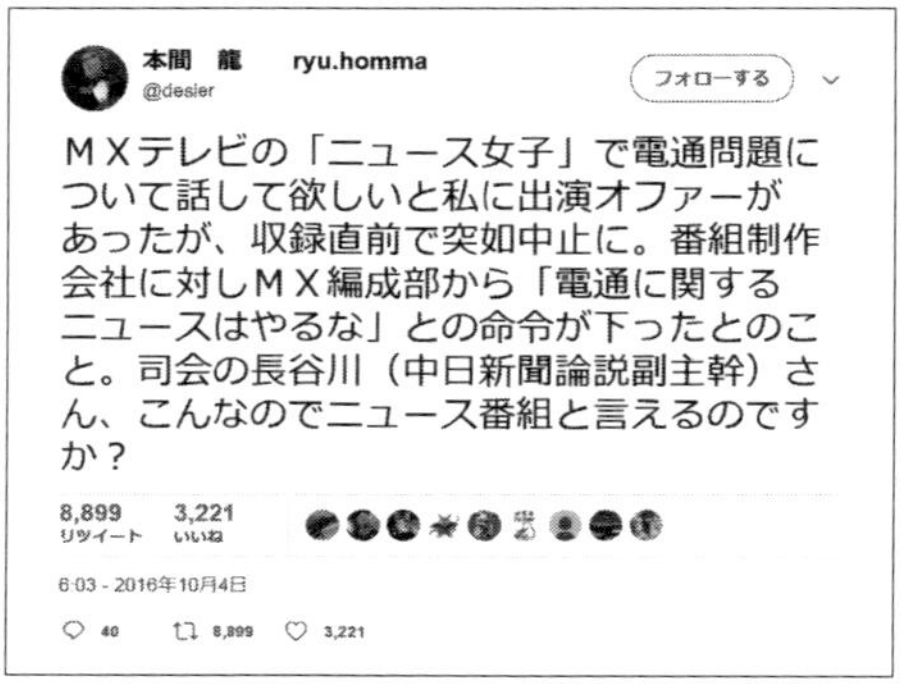

2016年10月4日の筆者ツイート。8000リツイートを越えている。

して「ニュース女子」の視聴者数を上回る数字だったのではないか。

大手メディアはスポンサーと電通しか見ていない

この話には後日談がある。

この「ニュース女子」放映直前の10月7日に女子新入社員自殺事件報道が発生し、10日の放映日にはほとんどのメディアで「電通」の名前が連呼されていた。

もし予定通り収録・放映していれば、ジャストタイミングな話題を提供したとして評価が上がっていただろう。結果的にMXは報道番組として絶好の機会を逃しただけでなく、その弱腰を私に暴露され、全国の人々に嘲笑される羽目になった。黙って出演させておいた方が、何倍も良かったのではないか。ただ個人的には、その後この番組が沖縄を巡るヘイト問題で大炎上したので、出演しなくて幸運だったと思っている。

あの沖縄ヘイト問題では相当叩かれたのにMXは頑として局による謝罪をしなかっ

た。僅か10分の出演で電通に触れるのは必死に回避したのに、社会的にあれほど揉めても沖縄問題では頭を下げない。この不可解にも映る強気の理由は、この番組の提供社であるＤＨＣが謝罪の必要なしという立場だからだ。

ＤＨＣはＭＸにとって有数のスポンサーと言われていて、その威光は視聴者からのクレームなどとは比べ物にならない。たとえ社外からクレームが殺到しても、カネを出すスポンサーが問題視しなければ、余程のことがない限り番組を続けることは可能なのだ。

通常、番組へのクレームはその提供スポンサーにも及ぶ。局は視聴者のクレームなどいちいち対応したくないのだが、スポンサーが頭を下げろと言えば直ちに謝罪する。つまり局にとってのクレーム対応とは視聴者優先ではなく、実はスポンサー対応に他ならない。ＭＸはＤＨＣの意向に逆らえず、従って謝罪も番組中止もしなかったという訳だ。

「電通に触れてはならない」とひたすら電通に関して自主規制する傍ら、社会的な批判を受けてもスポンサーのご機嫌取りを優先するＭＸの姿勢は、これぞまさしく、過

度に広告収入に依存するテレビ局の本性を見事に表していると言えるだろう。そして
これは、なにもＭＸに限ったことではないのだ。

数字でみる電通、その圧倒的な巨大性

では、ここで電通という企業の姿をＨＰなどから引用してみよう。電通は自社のＨＰ上で自社のみならず、日本の広告費をも詳細に解説している。その語り口たるやまるで日本政府が国内経済を語るが如しで、いかに自分たちが日本の広告業全体を掌握しているかを示しているかのようなものだ。

２０１６年の「電通ＦＩＮＡＮＣＩＡＬ ＦＡＣＴＢＯＯＫ」によれば、電通の連結決算売上高は約４兆９千億円。いくら海外の売り上げ３兆円を含むとはいえ、日本の総広告費６兆２千億円の７割を超える売り上げがあるとは、とんでもなく巨大な数字である。

電通の巨大化は、主に海外広告会社への資本出資、買収に拠るところが大きい。中でも13年に4000億円で英広告大手イージスグループ、16年に1000億円で米マークルグループを買収した際は大きな話題となった。そのような大型買収は電通でなければ出来ないからだ。これにより、単純に売上高だけを見れば、電通は既に完全なグローバル企業となっている。

世界の広告業界の中で、媒体やプロモーション、クリエイティブなどを加えた総合的な広告グループ連結収益では英国のWPPグループが首位、2位が米国のオムニコム（OMC）、3位がフランスのピュブリシス（PUB）、4位が米国のインターパブリック（IPG）で、電通は5位となっている（2016年）。

また、英イージスの買収に伴って発足した電通イージスはそのデータ活用能力を万全にするため、13年から15年までの間、海外で76件のM&A（合併・買収）を約1000億円かけて実施したと言われている。

そうした活発な海外での活動の影響だろうが、2014年と16年の「電通FINANCIAL FACTBOOK」（30ページ図3・4）を見ると、14年までの売り上げは国内・海外を分けず約２兆３千億円とだけ表記されているのに、国際会計基準を導入した16年の報告書における14年度の売り上げは国内１兆８千億・海外２兆８千億の合計で約４兆６千億となっている。

つまり14年度当時は「電通は売上高２兆３千億円」と発表していたのに、現在は「14年の国内売上高は１兆８千億円」となっているのだ。これなどは、敢えて国内売上高を少なく見せるためのギミックのようにも見える。というのも、あまりにも巨大になりすぎた電通は、独占禁止法に抵触する可能性があるからだ。

独占禁止法は必ずしもその業界におけるシェアが50％を超えたら適用される訳ではないが、公正取引委員会は過去にも広告業界の寡占化を問題にしてきた（第６章）。電通は自社発表で「国内総広告費におけるシェアは25％」としているが、第三者が検証した数字ではない。

要するに、あまりに巨大になりすぎた電通は、国内では売り上げの伸びよりも、独禁法抵触回避を最優先にしなければならなくなっているのではないか。なぜなら、企業の宿命である売り上げを追求していけば、電通の売り上げは早晩日本の総広告費の

■売上高（図3・4）

（百万円）

	財務報告ベース			暦年ベース		
	2014/3 （2013.4.1-2014.3.31）	2015/3 （2014.4.1-2015.3.31）	2015/12 （2015.4.1-2015.12.31）	2014 （2014.1.1-2014.12.31）	2015 （2015.1.1-2015.12.31）	2016/12 （2016.1.1-2016.12.31）
売上高						
国内	1,764,018	1,798,523	1,369,732	1,799,034	1,846,631	1,890,445
海外	2,426,584	2,869,699	3,156,328	2,869,699	3,156,328	3,046,532
計	4,190,603	4,668,222	4,526,061	4,668,734	5,002,960	4,936,977
調整額	（13,324）	（25,832）	（12,105）	（25,832）	（12,105）	（12,044）
連結	4,177,278	4,642,390	4,513,955	4,642,901	4,990,854	4,924,933

3月31日に終了した会計年度

（百万円）

	2010	2011	2012	2013	2014
売上高	1,678,618	1,833,449	1,893,055	1,941,223	2,309,359
売上総利益	296,490	317,696	332,807	345,940	594,072
販売費及び一般管理費	259,166	266,758	280,829	287,474	522,581
のれん等償却前営業利益	39,826	54,390	55,369	62,841	114,186
営業利益	37,323	50,937	51,977	58,466	71,490
経常利益	44,790	54,166	62,843	59,027	82,538

電通FINANCIAL FACTBOOK 2016（上）2014（下）より抜粋

■業界シェア率（図5）

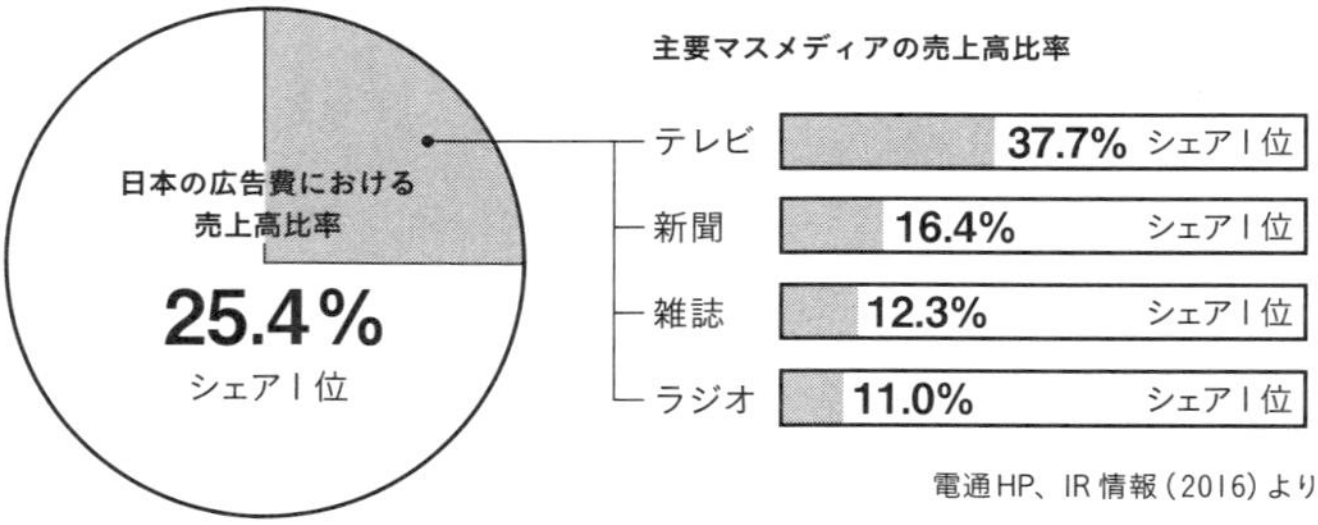

電通HP、IR情報（2016）より

5割を超えてしまう可能性があるからだ。

とはいえ、前述しているように、電通のメディアに対する心理的な存在感は既に業界シェア5割などを遙かに超越している。16年のIR情報では日本の総広告費における売り上げ比率を25・4％などと表記しているが（30ページ図5）、心理的にはこんなレベルでないことは明らかだし、数字的にも本当にこれが正しいのか、意図的に過少な数字を作っているのではないかと疑ってしまう。電通の発表が本当に正しいのかどうか、公正取引委員会はきちんと検証すべきではないだろうか。

徹底的な「テレビ依存」体質

では次に、その売り上げの中身を見てみると、売上高の4割以上がテレビのタイム・スポットCM売り上げであることが分かる（32ページ図6）。

私は財務のプロではないが、それでもこの過度にテレビ売り上げに頼る「一本足打

■業務区分別売上高（図6）

（百万円）（%）

	財務報告ベース			暦年ベース			
	2014/3 （2013.4.1-2014.3.31）	2015/3 （2014.4.1-2015.3.31）	2015/12 （2015.4.1-2015.12.31）	2014 （2014.1.1-2014.12.31）	2015 （2015.1.1-2015.12.31）	2016/12 （2016.1.1-2016.12.31）	
テレビ	700,039	690,700	517,661	704,228	680,190	692,621	43.3
テレビタイム	304,266	300,313	215,808	307,886	287,318	295,096	18.4
テレビスポット	395,773	390,387	301,853	396,342	392,872	397,525	24.8
新聞	116,870	107,916	65,635	113,888	96,036	89,171	5.6
雑誌	34,669	33,643	23,731	34,396	32,053	27,307	1.7
ラジオ	15,055	14,112	10,552	14,416	14,048	14,106	0.9
インタラクティブメディア	67,865	78,036	62,293	75,793	85,036	96,092	6.0
OOHメディア	54,597	52,550	45,017	53,789	59,466	57,260	3.6
クリエーティブ	203,845	201,801	141,829	203,755	200,455	191,211	11.9
マーケティング/プロモーション	190,668	186,238	165,122	183,773	215,971	219,334	13.7
コンテンツサービス	90,480	128,656	92,440	112,806	134,494	170,361	10.6
その他	40,970	41,448	31,901	41,833	42,382	42,728	2.7
合計	1,515,062	1,535,105	1,156,186	1,538,682	1,560,136	1,600,196	100.0

電通FINANCIAL FACTBOOK 2016より抜粋

法」経営は非常にいびつに見える。一目瞭然だが、他の売り上げ種目で一番大きいものでもマーケティングプロモーションの13%なのだから、その差は歴然としている。

4媒体を凌ぐ伸び率を示しているネット売り上げ（この表ではインタラクティブメディア）でさえ6%しかないのだから、いかにこの分野で電通が出遅れて焦っているかよく分かる。しかも、電通の売り上げを押し上げているのはテレビスポットの売り上げ増だ。メディア支配力の源泉であるテレビへの過度の注力が見てとれる。

ではなぜ電通はこうまでテレビ収入に依存するのか。それは、テレビが「一番楽に儲かる」からだ。

テレビ分野における収入源とは概ね、

①15秒スポットCM

②30秒タイムCM

の2つに分かれている。

15秒のスポットCMは提供枠以外で誰でも購入出来るCM枠のことで、タイムCMとは、番組の提供スポンサーとなって流すCMのことだ。これらは局による違いもあるが、1本流せば大体20%が広告代理店のマージンとなる。

つまり、全国ネットでのCMなら1本で500万円以上するから、そのマージンは100万円ということだ。言うまでもなく、非常にコストパフォーマンスが高い商売である。

簡単に言えば、このコスパの高いCM収入こそが、電通の屋台骨である。
これに対し、新聞や雑誌のマージンは概ね10～15％、インターネットは5～10％である。

近年伸びているのはネット広告だけだが、これは相当な手間と人手がかかり、電通にとってはコスパが非常に悪い。1本流せば20％のマージンが必ず入るテレビCMに対し、手間も人件費もかかるリスティング広告（ネット広告の手法の1つ）などは、バブル世代が占める現在の電通経営陣にはバカらしくてやっていられないほどの低収益な仕事に見えるのだろう。

事実、今後ネット広告に本腰を入れるべきか否かで、電通社内で深刻な意見の対立があったという。収益率の低いネット分野など放っておいて、高収益のテレビ分野に人的資源を集中すべきだという主張が今もあるらしい。

高橋まつりさんの自殺を招いたのも、そうした意見対立によってネット事業関係の人員が大幅に削減されたからであった（第3章参照）。

あらゆるイベントを手中に

さらなる電通の強さを象徴するのは、様々なスポーツイベントの数々だろう。電通が担当している主なスポーツイベントは、

①オリンピック
②アジア競技大会
③サッカーワールドカップ
④サッカークラブ選手権
⑤世界陸上選手権
⑥世界水泳選手権
⑦バレーボール世界選手権
⑧ラグビーワールドカップ

など、大型の国際スポーツイベントはほぼ全て電通の担当と言ってよいほどの占有率である。

■日本を中心とした今後のムーブメント、アクション、スポーツ

		2016年	2017年	2018年	2019年	2020年	2021年以降
東京2020、社会のデジタル化を契機としたムーブメント、アクション		2020年に向けた社会全体のICT化による様々なサービスの高度化					
		東京オリンピック・パラリンピック開催に伴う社会インフラの構築					
		インターネット上でのコンテンツ配信（スポーツ、エンタテインメントなど）の拡大					
ワールド スポーツ イベント	オリンピック・パラリンピック	リオ（夏季）	2024 開催地決定	平昌（冬季）	2026 開催地決定	東京（夏季）	北京（冬季・2022）
	アジア競技大会		札幌（冬季）	ジャカルタ（夏季）			杭州（夏季・2022）
	FIFA World Cup			ロシア	フランス（女子）		カタール（2022）
	FIFA Club World Cup	日本	アラブ首長国連邦	アラブ首長国連邦			
	世界陸上		ロンドン		ドーハ		オレゴン（2021）
	世界水泳		ブダペスト		光州		福岡（2021）
	バレーボール世界選手権			日本（女子）			
	ラグビーワールドカップ				日本		
国内外でのその他の主要な出来事		伊勢志摩サミット	アスタナ万博（カザフスタン）	4K・8K実用テレビ放送開始		ドバイ万博	ワールドマスターズゲーム（関西・2021）

電通Integrated-report 2016

さらに長らく博報堂が担当してきたJリーグの専任代理店も14年から電通に移行している。

こうしたスポーツイベントは、イベント実施費そのものより、それを支える多くの企業からのスポンサード料や、テレビを中心とするそれぞれの放映権料収入が巨額で、あらゆるメディアとの結びつきを強固にしている。

しかも同時並行に遅滞なくこれらのイベントを実施するためには、実施の際に相当な人員を必要とするため、かなりの企業規模でなければ担当出来ない。そのため、自然とこうした大型イベントの実施は電通と博報堂に集中してきた。

しかしJリーグも電通に移り、博報堂には現在、年間を通して全国で展開するような大型イベントがない。となると、それらを運営する人員とノウハウが消失していくから、今後はますます電通にあらゆる大型イベントが集中することになっていくだろう。

こうした圧倒的な寡占状況はイベント実施費や放映権料の高額化を招き、さらにメディアとの癒着の要因ともなるから、決して良いことではない。ことスポーツイベントに限れば完全に独禁法違反の状況にあるのだから、国がこの寡占状況の解消に介入すべきではないだろうか。

制御出来ないSNSと忖度する大手メディアの落差

ここまで、売上高等に見る電通の内情を見てきた。その金額の巨大さには驚愕せざるを得ないが、その電通の圧倒的なメディア支配力も、一人の若き女性新入社員の死によって大きなほころびを見せた。

これは電通社員も、そして経営陣でさえ予測出来ない展開だったに違いない。過去にも自殺事件があり最高裁で負けはしたが、ここまでブランドイメージが傷つくことはなかった。高橋さん遺族の記者会見報道が報道されても、どうせ今度もメディアは第一報だけ報じて後追い取材などしないのだから、数日経てば誰も口にしなくなる——誰もがそう予想したはずだった。

確かに、既成のメディアのうち、世論形成に最も影響力のあるテレビの動きは当初鈍かった。後にＮＨＫが孤軍奮闘してその力を見せつけたものの、ほとんどの民放は最後まで事実報道のみに徹する「傍観者」に近いレベルの報道しかしなかった。前述したように、特に電波メディアは活字メディアに比べて広告依存度が非常に高く、その分電通に対する自主規制、忖度の度合いが大きかったからだ。10年前なら、この事件もここまで大きく扱われることはなかったかもしれない。

ところが、今回はそうはならなかった。過去の事件報道との最大の違いは、ツイッターやフェイスブックなどのＳＮＳが、刻々と事件内容を拡散していったことにある。そして既存メディアもその勢いを黙殺することが出来ず、後追い報道をしてさらに重層的に拡散していった。

ＳＮＳは個人が勝手気ままに意見を書き込み、さらに他人の意見も拡散できるから、注目度が高いニュースほど圧倒的スピードで拡散する。そこに忖度や遠慮はなく、恫喝も効かない。電通が得意なコントロールが全く効かない「新しいメディア領域」が誕生していたのだ。

もちろんそれは突然発生したのではない。既に約1年前の五輪エンブレム撤回事件でまざまざとその威力を見せつけていたのだ。しかしそれが今度は電通という巨大企業に牙を剥くとは、誰も思わなかっただろう。

そのSNSが、娘の遺影と共に記者会見をした母親の姿を「電通によって命を奪われたかわいそうな被害者」としてあっという間に拡散した。遺影の笑顔の女性はとても自殺するような人には見えず、それがまた多くの人々の同情と、電通に対する怒りを誘った。

インターネットはテレビを中心とした4媒体以外でここ数十年、唯一売り上げが拡大してきた（16年度広告費は1兆3100億円）新興メディアで、電通の統制が同じく唯一及ばない領域である。統制云々というよりも管理者がいないというべきで、新規参入が容易で、日々新しい技術が生まれている。

だがこの領域は他メディアに比べて収益率が低く、4媒体からの高収益に慣れた電通にとって「労多くして旨みの少ない領域」に映った。そのため電通社内では、ネット領域への出資を拡大すべきか否かで激論が交わされていた。亡くなった高橋さんの所属していたデジタル担当部署の人員が15年になって半分に削減されたのも、収益が低いと判断されたからである。

この「管理者なき新興メディア」への中途半端な対応が16年9月末に露見したネット業務不正請求事件を発生させ、さらにその悪影響が高橋さんの自殺を生んだ。そしてその事実が1年後にSNSによって拡散し、電通のブランドまで破壊するに至った。電通は自社が軽視してきたインターネットメディアによって、とてつもなく大きな傷を負ったのだ。

日本の広告業界の特殊性（1）一業種多社

では、ここからは電通の巨大化を可能にした日本の広告業界の特殊性を解説していこう。

日本と世界の広告業界の最大の違いは、担当できるスポンサーの数にある。世界的には、ある業界で複数のスポンサーを担当できない一業種一社制が大勢である。つまり、自動車業界で仮にトヨタを担当していたら、日産やホンダは担当できない。もちろん外資もダメということだ。

これはスポンサーの企業秘密や情報漏れを防ぐために当然のことであり、欧米の広告業界では常識であるが、日本はそうなっていない。戦後の混乱期から出発した日本の広告業界は、広告会社もスポンサーも試行錯誤しながら業界を作ってきた。その過程で電通は常に最大手であり、電通のやり方が業界標準になっていった。今や超大手になったようなスポンサー企業も、草創期は秘密保持におおらかだった。

だから電通も博報堂も、あらゆる業種のスポンサーを山のように抱えており、これが両社の巨大化の要因となっている。欧米の代理店は一業種一社に縛られているから、一社単位での企業規模拡大には限界がある。まさに日本でしか通用しないスタイルなのだ。

だがここ20年ほどの間にスポンサーの秘密保持に関する意識が急速に高まったため、代理店側もその対応に知恵を絞っている。博報堂は日産担当部署を丸ごと別会社化したし、電通は同業企業が同じフロアに同居しないようにし、エレベーターも同業企業担当が乗り合わせないように系統を別々にしている。またもちろん、担当者には個人的に秘密保持契約を結ばせ、建前上は同業多社を渡り歩くのを禁止している。各フロアの扉のキーも異なっていて、同じ会社なのに他のフロアを覗くことも難しい。

それでも、一業種一社が原則の外資系企業からすればリスク管理が甘く見える。そのため、Ｐ＆Ｇやコカコーラなどの外資企業は、一番大事なマーケティング戦略は本国と同じ外資系広告代理店に任せ、電通や博報堂には日本国内の媒体購入やイベント担当を任せている場合が多い。

日本の広告業界の特殊性（２）メディア購入と制作部門の同居

海外の広告業界とのもう１つの大きな違いは、メディア購入の窓口とＣＭ制作、ＳＰ（セールスプロモーション）部門の同居である。これも欧米にはほとんど例がない特殊な形態だ。

電通や博報堂は新規製品の新発売キャンペーンを展開するマーケティング・CM制作・媒体購入・セールスプロモーションなどが全て一社に同居しているが、海外ではこれらは全てそれぞれ独立した業種となっていて、1つの仕事ごとに別々の会社が結集してチームを組む。そもそも海外の広告会社は、

・ブランドエージェンシー　ブランド構築、マーケティング
・クリエイティブエージェンシー　CMなどの広告表現制作
・メディアエージェンシー　メディアバイイング
・BTLエージェンシー　SPやイベント

などに細かく分類されている。

欧米でこれらを分けているのも秘密保持と寡占を抑制するためだが、日本では一気通貫の利便性の方が優先されている。もちろん日本にもそれぞれの専門会社があるが、多くは電通・博報堂の傘下で仕事を割り振られる形式になっている。広告におけるあらゆる業務を一社でこなせる代理店を総合広告代理店、または総合広告会社と呼称す

ることもある。

この特殊な形態によって、デンパク（電通と博報堂）は様々な企業のあらゆる業務を抱え込めるようになっている。最初にマーケティング戦略のみがオーダーされても、ウチはＣＭ制作もＳＰも媒体購入も出来ますよ、と説得する。スポンサーの広告担当からすれば別々の企業と話すよりも一社に全部依頼出来れば話が早いから、まとめて全部任せようかということになる。

こうして寡占が促進されるのだ。

日本の広告業界の特殊性（３）メディア販売と購入の同居

日本の広告代理店には、スポンサーのために広告枠を購入するメディアバイイングと、メディアのために広告枠を売る機能が同居しているが、これも世界的には稀なスタイルだ。

これの何が問題かというと、スポンサーのために広告枠を購入するはずが、実はその代理店が持っている広告枠を都合良く埋めただけ、という可能性が生じるためだ。

もちろん、それが本当にスポンサーが要求した広告枠なら問題ないが、往々にして代理店が持っている枠の「在庫整理」に利用される恐れもある。そのため海外では禁止している国が多い。

また、大手メディアの主要な販売枠はほぼ大手代理店によって買い占められており、新規参入社が自由に売り買い出来る部分がほとんどない。そのため、外資系広告会社がなかなか参入出来ない（後述）という問題点がある。

海外広告代理店に対する「非参入障壁」

このように一業種多社制やメディア購入と販売の同居は、欧米広告代理店ではご法度なのだが日本では全く問題なく運用されている。そうなると、あらゆるスポンサーは「寄らば大樹の陰」でデンパクに集中するから、さらに両社は巨大化するという訳だ。

しかし、これは海外の広告会社にしてみれば、強固な「非参入障壁」となって立ちはだかっているように見える。海外の代理店は特にマーケティング分析とそれを基にした拡販戦略の構築能力に優れるが、デンパクを通さないとメディア購入が出来ないため、結果的に一番利幅が大きいメディア部分をデンパクに依頼、または持っていかれることになる。

そのため、いつまで経っても日本市場において一定以上のシェアを獲得できないのだ。

本書を書くにあたって、私は日本で活動している大手の海外広告代理店日本支社4社〈オグルヴィ・アンド・メイザー・ジャパン、I&S BBDO（アイアンドエスビービーディーオー）、マッキャンエリクソン、JWT（ジェイ・ウォルター・トンプソン）〉に、

「日本の広告業界における商慣習に対してどう考えるか。特に電通に対してはどうか」

とインタビューを申し込んだが、応じてくれたのは僅かに一社だけだった。

インタビューに応じた社は日本支社長が応じてくれた。

「デンパクは日本におけるパートナーだ」と前置きした上で、「メディアバイイングでは協働していくことを受け入れている」と話してくれたが、メディアバイイングに関してデンパクを通さざるを得ず、そのため不本意でもデンパクと協働しなければならない非効率に関しては不満があるように私には感じられた。

その社長は「日本の広告業界は世界でも非常に特殊だ」と述べていたが、その恩恵を最大限に享受してきたのが電通である。

電通は既に「第5の権力」である

ここまで日本の広告業界シェア1位の電通の圧倒的な規模とそのパワーの数々を紹介してきた。同社の2016年度売上高は約2兆3千億円で2位の博報堂（約1兆1

千億）の倍以上の規模だ（国際会計基準導入後は国内単体で1兆8千億円、連結で4兆9千億円）。

他のメディアと比較しても、テレビ業界最大のフジテレビ（フジ・メディアホールディングス）は6千500億円、新聞業界最大の朝日新聞は4千700億円だから、国内のどのメディアよりも、はるかに巨大な存在である。

ちなみに電通は、単体では売り上げ規模世界一の広告代理店でもある。

前述した通り、電通と博報堂がこれだけの企業規模になったのは、欧米では寡占を防ぐために別々にしている広告制作・マーケティング立案部門とメディア取引部門の両方を持っていることと、さらに欧米で一般的な一業種一社制度でなく、全ての企業の広告立案・実施を担当しているからだ。

海外でいえば、アップルを担当している広告会社がソニーを担当することは企業秘密保持上あり得ないが、日本では電通も博報堂も問題なく両方を担当している。そしてこの慣習が全業種に及ぶため、過剰な寡占状態につながっているのだ。

また両社は、スポンサーのために広告枠を確保するのと同時に、メディア側の空いている枠をスポンサーに売る、つまりはメディアのためにスポンサーを探して連れてくるという両面性があるため、なおのことメディア側はこの両社にアタマが上がらない構造になっている。

そしてこの両社、とりわけ電通のメディアに対する「発言力」の強さは想像を絶するものがある。スポンサーとメディアの間に介在し、スポンサーの意を汲んだ発言をするのだが、例えば２０１１年3月11日の東京電力福島第一原発事故以前は、メディアが原発に関してネガティブな報道をしようとすれば、

「そんなことをしたらスポンサーからクレームがくる」

「スポンサーは不快に思い、次の出稿を取りやめるかもしれない」

等とメディアの現場担当に注意し、メディア側に報道の自粛を迫っていた。

そして多くのメディアがそれに従っていた。

広告代理店としては単にスポンサーの利益を損なわないための「注意喚起」なのだが、スポンサーを失いたくないメディア側にとってはまさに「天の声」であり、大変な脅威だったのだ。もちろん、この関係性は原発関連だけでなくあらゆる業種にあて

はまる。

なおこうした「発言力」やスポンサーの存在を背景にした「押しの強さ」は電通特有のスタイルだ。そこには広告業界不動の1位、「スポンサーの代理人」としての強烈なプライドが垣間見える。その力が、長い間にメディアに対する圧倒的な「精神的優位性」を作った。その理不尽な現場介入の様子は、1972年発行の『電通公害論』（猪野健治）に詳しい。

つまり電通は、「第四の権力」と言われるメディアを遥かに凌駕する、「第五の権力」となっているのだ。

第2章

電通ブランド崩壊の序曲

東京五輪エンブレム問題の勃発

電通のブランドイメージ崩壊は、2016年の新入社員自殺事件で突如として起きたのではない。その予兆は、前年の15年に始まっていたと筆者は考えている。具体的に言うと、同年7月24日に発表された東京五輪エンブレムデザイン騒動から始まっていたのだ。

2015年7月24日、NHK夜7時のニュースに合わせて行われたエンブレムの発表は異様だった。

都内の会場に山ほどサクラを集め、カウントダウンと共に華々しく登場したエンブレムに対し、会場からはパラパラと拍手は起きたものの、熱狂も歓声も起きず、むしろため息ばかりがテレビ画面を通して伝わってきたからだ。巨大なパネルに映し出されたエンブレムデザインが集まった観衆の期待を裏切ったことは明らかで、NHKのアナウンサーだけが必死に盛り上げようとしていたのが痛々しかったことを、今も鮮明に覚えている。

このデザインはイマイチだな、と思っていたら、その後すぐに凄まじいバッシングが始まった。多くの読者も記憶していることだろう。最初は前回の東京五輪エンブレムと比べてそのデザインの魅力のなさが指摘されたが、すぐにそれは盗用されたものではないか、という疑惑に関心が移った。

そして僅か1ヶ月あまりの間に、デザインを担当した佐野研二郎氏の様々な過去の仕事に対する疑惑が明るみに出て、本人の否定コメントで乗り切ろうとしていた東京五輪組織委員会（組織委）も遂に使用中止に追い込まれた。

当初はネット上での検証サイトが騒ぎの中心だったが、テレビ各局が続々と報道したため騒ぎが大きくなった。それでも電通の関与を示唆する報道はネット上だけに限られていたが、後に五輪エンブレム審査員の一人であったアートディレクター、平野敬子氏のブログでその関与が明らかにされた（後述）。

組織委を牛耳っていた電通もあまりのバッシングに対処が追いつかず、さらには自社の関与も取りざたされて身動きが取れなくなり、エンブレム使用中止を阻止することは出来なかった。

エンブレム問題の経過

2015年7月24日　東京五輪エンブレム発表　デザイン：佐野研二郎氏に決定と発表

7月27日　ベルギーリエージュ劇場、デザイン盗用疑いで法的措置を検討開始

7月30日　スペインのデザイン事務所作品にも似ているとの指摘

7月31日　佐野氏、盗用疑惑を否定するコメントを発表

8月3日　リエージュ劇場制作者ドビ氏、JOCにエンブレム使用差し止め文書送付

8月5日　佐野氏本人が会見、盗用疑惑を否定

8月6日　サントリートートバックデザインや過去作品の検証画像がネット上で拡散

8月13日　サントリートートバック、一部の景品を発送中止に

8月14日　ドビ氏、リエージュ民事裁判所に正式提訴
8月15日　佐野氏、トートバックは部下のトレースだったとHPで釈明
8月18日　佐野氏の東山動物園シンボルマークがコスタリカ国立博物館のマークと類似の指摘
8月26日　審査委員長の永井一正氏、決定案は原案からの修正案であることを発表
8月28日　組織委、原案と修正案を公開。「オリジナルと確信」と声明
9月1日　エンブレム使用展開案のイラストが、他サイトからの無断転用ではないかと指摘される
9月1日　佐野氏原案、13年11月の「ヤン・チヒョルト展」との類似を指摘される
9月1日　組織委、東京五輪エンブレムの使用中止を発表

エンブレム問題の核心

時系列で見ていくと、佐野氏のデザイン実績に対してネット民から猛烈なチェックとバッシングがあり、結果的にサントリーが盗作疑惑によって景品の発送を中止したことが大きく響いた。スポンサーが佐野氏のデザインに「ノー」を突きつけたのだ。佐野氏本人もこれは事務所所属のデザイナーが作ったもので、自分のチェックミスと弁明したが、それもかえって火に油を注ぐ結果となった。

しかしこの問題の核心は佐野氏の適正云々よりも、彼をデザイナーに選んだ審査委員会の不透明さにあった。

公募期間は僅か2ヶ月と短く、8人もの招待作家がいたことも秘密にされていた。さらに、審査会上で明らかに佐野氏を推す言動があった——そこにはデザイン界の狭いトモダチ関係と電通の意向が介在していた。

最終的には最初から佐野氏を選ぶための出来レースだったことも明るみに出て、審査委のみならず、五輪組織委に対しても不信感が爆発したのだ。この核心部分については、エンブレム審査委の一員だったアートディレクターの平野敬子氏が内幕を暴露するブログを開設し、大きな反響を呼んだ。

さらに佐野氏にとっては不幸なことに、エンブレム問題勃発の直前に、新国立競技場の建設に関しても野放図な建設予算の膨張に対して国民からの批判が高まっていた。15年6月には当初1300億円と見積もられていた建設費が3000億円以上になることが判明し、批判が集中。当時の下村文科大臣は収拾にもたつき、7月に安倍首相自らが建設計画の白紙化を決定した。

このゴタゴタが国民の五輪事業に対する視線を一層厳しくし、エンブレム問題追及に関する関心の高さに繋がったと考えられる。

13年の五輪開催決定の熱が冷め、組織委を頂点とした政界や財界、電通やゼネコン等、「一部の既得権益層」が五輪を私物化している疑念が沸点に達していたのだった。

今までのオリンピックでもこうした問題はあったのかもしれないが、インターネットとSNSの拡散力が隠ぺいを阻止した。大手メディアもネット上での話題を常にチェックして自社でも取り上げる仕組みになっているため、騒ぎを無視出来なくなっていた。

そして一連の混乱の責任を取る形で、電通からの出向であった組織委の槙英俊マーケティング局長と、高崎卓馬企画財務局クリエイティブディレクターが更迭され、電通に戻った。高崎氏の名は後述する平野氏のブログにも不正のキーパーソンとして頻繁に登場する。

平野敬子氏の内部告発とデザイン業界の異様

平野氏のブログ（HIRANO KEIKO'S OFFICIAL BLOG）は佐野氏エンブレム撤回の約1ヶ月後、15年10月10日から始まっている。氏はそれまでブログ等を開設していなかったから、エンブレム問題を語るためだけにその場を設けたのだった。そこには、審査に関わった人々が全て沈黙し、真相が語られないことへの強い憤りがあったことが読み取れる。平野氏はこのブログに関する一切の取材を拒否し、また内容の転載等も禁じているため、その趣旨を出来るだけ簡潔に解説すると、大体以下のようになる（番号はブログナンバー）。

①公募期間が僅か２ヶ月間という異様な短さへの疑問（００２）
②電通の高崎卓馬氏による「展開力」という概念の強要（００３）
③招待作家８名の存在が審査委員にも他の96名の応募者にも隠されていた（００４）
④ＡＤＣ（東京アートディレクターズクラブ）などにおける談合の告発（００６）
⑤８月28日の五輪組織委釈明会見での虚偽報告の指摘（００７・００８）
⑥選考過程の一切の口外を禁止という秘密保持誓約書へのサイン要求を拒否（０１１）
⑦組織委の聞き取り調査を辞退した理由とその経過（０１８〜０２０）
⑧12月18日発表の組織委調査報告書への疑義と批判（０２３）
⑨16年６月25日のＪＡＧＤＡ「エンブレム問題への公式見解」に対する批判（０

36〜）

以上のように平野氏の告発は詳細を極めているが、情けないことに組織委をはじめ、不正の責任者として名指しされた審査委の永井一正委員長をはじめとする関係者は誰も反論せず、ひたすら沈黙して逃げ回る姿勢を貫いている。

本来であれば、少なくとも平野氏以外の審査に関わった人々は積極的に内幕を話すべきだったのに、誰もそれをしていない。

そして、当初審査委の内幕暴露だったブログの矛先は、その後ＪＡＧＤＡ（日本グラフィックデザイナー協会）に向いていく。協会が16年6月25日に発表した「東京2020オリンピック・パラリンピック競技大会エンブレム第1回設計競技について」という公式見解文書は理事などによる独断専横で作られており、問題のエンブレム選定は基本的に間違いではなかったというとんでもない内容だった。

もちろん平野氏はこれを容認せず、氏をはじめとする他の審査委にも事実確認していなかったとして「イカサマ」という強い言葉で徹底的に批判した。平野氏は開かれた場での議論を求めているが、ＪＡＧＤＡ理事会は弁護士名での文書を送りつけてきて、これを拒否している。

このＪＡＧＤＡはグラフィックデザイン団体で唯一の社団法人であり、３千人もの会員を有しているが、平野氏に同調してこの蛮行を表だって批判している人はいないようだ。業界の先輩には逆らわず、そして五輪を私物化しデザインの価値を貶めた電通に対しても沈黙して批判しない。

広告業界のこうした体質が、ますます電通を傲慢にしている顕著な例だろう。

フランスからの狙撃――オリンピック誘致裏金疑惑

エンブレム問題はあまりにも反響が大きすぎたので大手メディアはこぞって報道したが、盗用疑惑を起こした佐野研二郎氏の個人的な資質の問題と、彼の採用を強行した審査委員会の公平性への疑問に矮小化され、ネットメディア以外では、電通の介在はほぼスルーされていた。

そしてＪＯＣ（日本オリンピック委員会）もその線で幕引きを計り、再度オープンな形でエンブレムを公募し、地に堕ちた五輪のイメージ回復を図ろうとした。

しかし、次の矢はなんと海の向こうから飛んできた。

エンブレム問題が沈静化してから約半年後の２０１６年5月11日、英紙ガーディアンは、東京五輪招致委が五輪招致獲得のために１億６千万円を開催都市の投票権を持っていた元国際陸上連盟会長のラミン・ディアク氏の息子が関係する「ブラック・タイディングズ社」の口座に送金した疑いがあり、フランス検察が捜査中であると報じた。

簡単に言えば、五輪招致獲得のための裏金が送金されたのではないか、という意味だ。

当初五輪招致委（当時）は否定したものの、13日には合計で2億２３００万円をコンサル料としてこの会社に送金したと発表。

16日に衆院予算委に参考人として呼ばれたＪＯＣの竹田会長は、問題とされる送金口座は、売り込みのあったコンサルティング業者の中から電通の推薦で決めた、と証言した。ここでまたもや電通の名前が登場したのだ。

後述するが、JOCや五輪組織委の大半は東京都や各省庁からの寄せ集めであり、広告や国際イベントの知識などないから、電通からの出向組が実務を取り仕切っている。

竹田会長の証言はその実情を的確に表していたのだ。

もちろん、コンサル料といえば聞こえはいいが、要するに投票権を持つキーマンにどれだけ近づき、懇意に出来るかということであり、送金されたカネが賄賂として使われることは誰にでも想像できる。当然、その会社がどのような素性の組織か電通はよく分かっていて、竹田会長に推薦したはずだ。

この事件は野党の民進党が素早く調査チームを立ち上げて関係者を国会招致したため、テレビ各局を含め多くのメディアで取り上げられた。だがそこでまたもや、民放各社の電通への忖度が話題になった。ガーディアンが掲載した関係者相関図には電通の名前がしっかり出ていたが、日本の報道ではその名がないか、「広告会社D社」と表記されていたからだ（図1）。

民進党の玉木衆院議員が国会質問で使用したパネルの表記も「D社」になっていた。

これは当初電通と表記していたが、自民党側から抗議がつき、パネル使用が出来なくなるよりは、ということでD社にしたとのことだった（図2）。つまり、自民党には

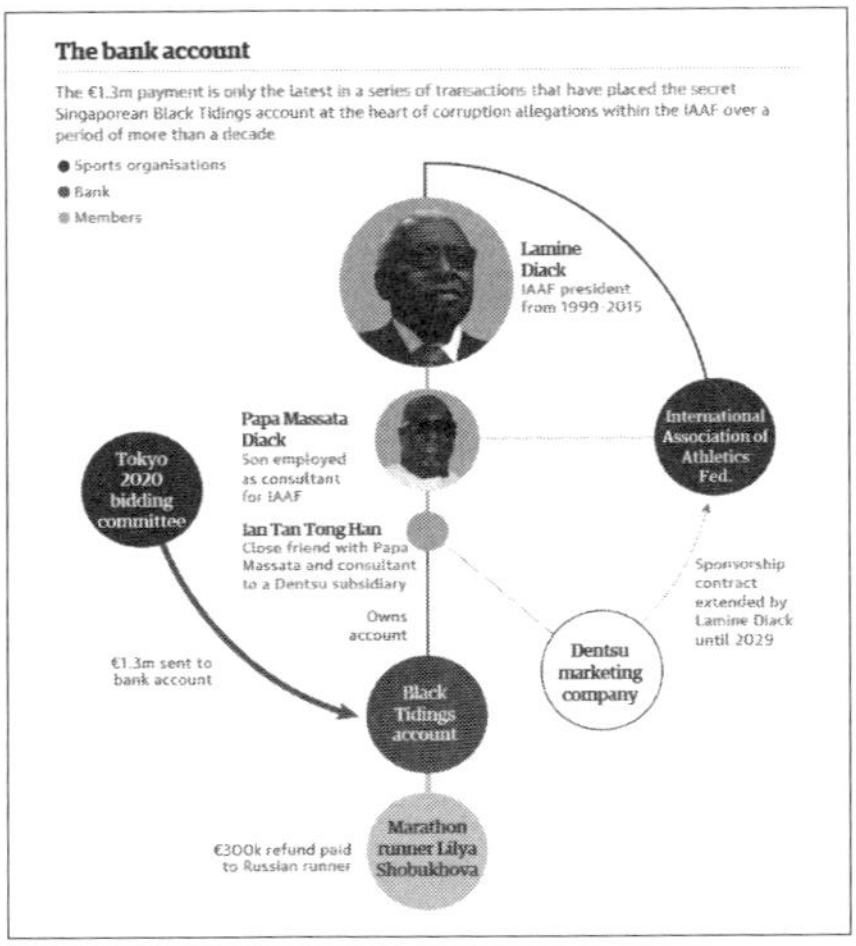

（図1）ガーディアン紙に掲載された相関図。電通の名がある。

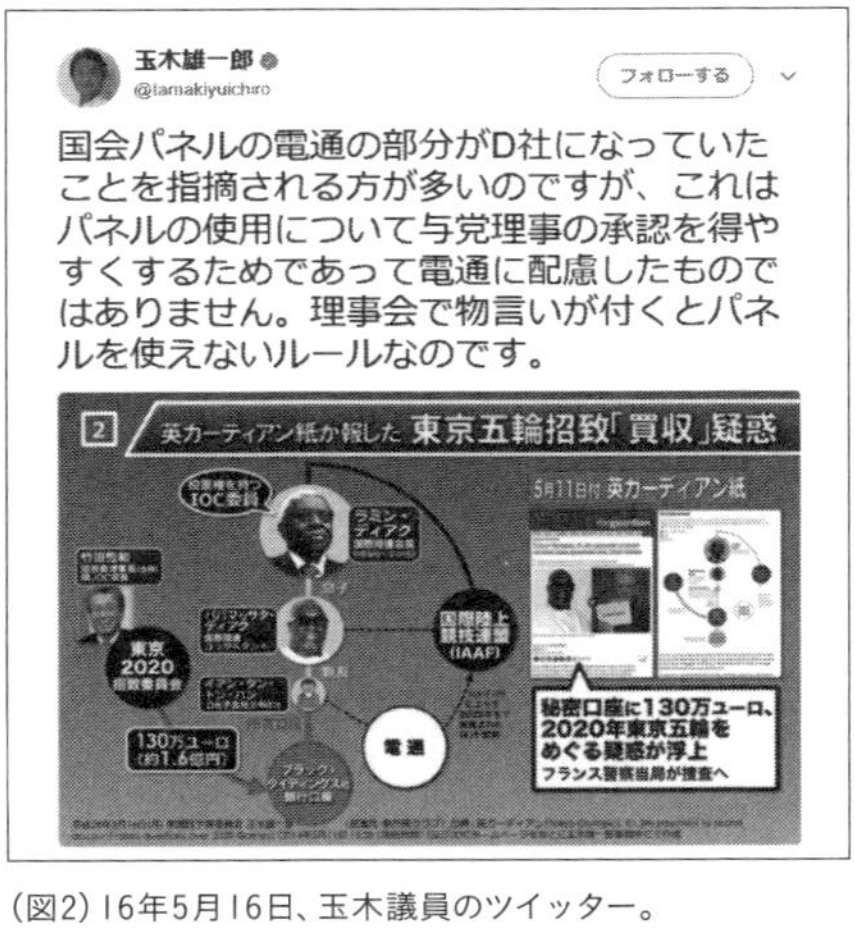

（図2）16年5月16日、玉木議員のツイッター。

電通の名を出すことを好ましくないとする議員がいるのだ。

この案件は日本の検察が動かずその後下火になったが、17年2月にフランス検察が捜査官を日本に送り、ＪＯＣを家宅捜索したことが週刊プレイボーイによってスクープされている。

フランス検察による捜査は続行中であり、もし招致委の送金が賄賂認定されれば、東京五輪の正統性に計り知れないダメージを与えるだろう。

インターネット業務での「不適切取引」の露見

２０１６年5月にフランス検察によって明らかにされた「オリンピック誘致裏金疑惑」は国会でも取り上げられたためしばらくの間メディアを騒がせたが、その後フランスからの続報がないため、夏頃には下火になっていった。

元々日本の司法では裁く法律がないから捜査が行われず、ＪＯＣが否定すればそれ以上の問題拡大は望めなかった。しかし、それから僅か数ヶ月後の9月、今度は電通自体が自ら不正を認める事案が勃発する。それが「ネット業務不正請求事件」であった。

この事件は、電通のデジタル部門（インターネット部門）において過去数年間の長きにわたり、複数のスポンサーに対して過大な料金請求や、広告掲載の事実がない架空請求を繰り返していたというものだった。

9月中旬頃に第一報を豪アドニュースが伝えたが、国内メディアは一週間程度黙殺していた。ところが9月21日に英フィナンシャルタイムズ（FT）が報じたため、親会社である日本経済新聞が23日に報道せざるを得なくなり、その動きを掴んだ電通が同日、とうとう記者会見に追い込まれたのだった。いつものように国内メディアは電通に忖度したのだが、さすがに世界的経済紙であるFTに記事化されれば無視は出来ない。電通にとっても苦渋の選択だったろう。その後この問題は米ウォールストリートジャーナルなども報道していく。

実は、トヨタが電通の不正を同社に糾し、被害が発覚していった事実のリークは当初いくつかの国内メディアに持ち込まれたが、どこも取り上げなかったので海外メディアに流れたと言われている。

つまりその時点で多くの大手メディアはこの事実を掴んでいたのに、相手が電通なので報道を控えていたというのだ。

とはいえ電通が記者会見を開いた24日は、さすがに日本最大の広告代理店の不祥事だけあって、テレビ各社とも会見の様子を報じた。ただ記者会見は金曜の夕方であり、週末は特に影響力が強いテレビの報道番組やワイドショーがほとんどないので、その影響は非常に限定的だった。

緊急性がない限り、朝刊掲載を避けるために記者会見は可能な限り遅い時間に、しかも週末に開催するのは危機管理広報の裏テクニックであり、様々な企業の危機管理を扱ってきた電通は、自らその法則を実践したのだった。

そしてその戦略は見事にあたり、週明けのワイドショーでこの不正請求問題を取り上げたところはほとんどなかった。また、各新聞社も最初の第一報は報道するが、後追い取材はしない、という各社の電通に対する姿勢が見事に現れていた。

この不正請求問題は、電通の記者会見を新聞社や通信社が翌日に報じて以来、広報やデジタルネタを扱うネットサイトではいくつか不正内容検証ページが立ち上がったものの、結局大手メディアはこの事件を後追い報道しなかった。雑誌メディアは発売日の関係でどうしてもタイムラグが生じるが、この問題の発生は記者会見の約2ヶ月前のトヨタから電通への通報から始まっており、その間に多少情報は漏れていたから、取材時間は十分にあったはずなのに『週刊エコノミスト』（2016年10月11日号）が批判特集を組んだ以外は目立った動きがなかった。

海外メディアは早い段階で、事件の発覚はトヨタが電通の請求に対し疑念を持ち、過去5年分の取引を精査して不正請求を見破ったことにある、とはっきり書いていたが、ネットの速報記事で言及したのは朝日と日経だけであった。

しかも記者会見でトヨタからの指摘の有無を糾された電通の副社長は、「確かにその通りだが、できればそのことは書いて欲しくない」などと報道各社に対し「配慮」を要求。さすがにこれは各紙記者たちの不興を買い、結果的に全社が翌日の紙面でトヨタの社名を掲載した。謝罪会見の場でそういう要望を口にする電通幹部の傲慢さには驚愕させられるが、常日頃の力関係があるからこそ、そういう発言をしても許されるという思考になるのだろう。

その後電通は17年1月17日にこの案件の最終報告を発表。不適切な業務は96社に対し997件、金額は1億1482万円にのぼるものの、広告未掲載による架空請求は10社40件、338万円であったとした。

事件発覚当初は111社、2億3千万円以上の不正請求としていたものが精査の結果大きく縮小したのだが、その細かな中身についての言及はなく、社内調査のため真実かどうかは藪の中だ。

だが問題の根は深い。トヨタは常に日本の広告費ナンバーワンを争う超巨大スポンサーであるから、さすがに電通といえどもその指摘を無視できなかった。これがトヨタ以外、例えば日本の広告費ベスト20位くらいに入るような大スポンサーでなければ、電通は指摘を完全に無視するか誤魔化していただろう。つまり、相手がトヨタでなければこの問題は明るみに出ず、秘密裏に処理されるか、いまだに不正が発覚しない可能性もあったと思われる。

そして記者会見で電通が不正請求の原因として明らかにした「デジタル部門の恒常的な人手不足」こそ、後の高橋まつりさん自殺事件に繋がっていくのだった。

新聞各社の「忖度」度合

この不正請求事件は一応全ての全国紙が報じたが、速報段階での各社の報道タイトルは驚くべきものだった。

「電通が不適切取引（朝日）」
「業界トップでなぜ不適切請求（毎日）」
「電通、ネット広告対応で不備 不適切請求2・3億円（日経）」
「不適切業務（産経）」

等と報道、そしてNHKも「電通、不適切請求」等、揃いも揃って「不正」という表現ではなく「不適切」という曖昧な表現に終始していたのだ。

当然のことだが、不正と不適切では読者に与える印象が全く違う。不正は明らかに悪事だが、不適切ではまるでミスか何かのような印象を読者に与える。電通に広告費を握られている大手メディアの腰の引けっぷりは毎度のことだから驚かないが、実は記者会見場では各紙の記者たちがかなり厳しく追及しており、電通の副社長が今回の事案を、「発表では不適切としているが、不正といえば不正ですね」

と自ら認めていたのである。

その発言もあり、翌日の紙面では朝日・読売・毎日の3社は「電通　ネット広告不正」という見出しになっていた。

ただし、1面で報じたのは読売だけであり、副社長が自ら「不正といえば不正」などと語った部分などの会見詳細はもちろん紹介されておらず、どの記事も記者会見場での緊迫感は感じられなかった。

さらにその後社説や後追い報道をした社もなく、電通に関する報道は第一報だけという「いつもの通り」のやり方が機能していた。

東芝の巨額粉飾でも忖度

これとよく似たことが、2015年に大騒ぎとなった東芝の巨額粉飾事件でも起きた。明らかに売り上げを誤魔化し、株主に損害を与えていた粉飾事件を、大手メディアは「不適切会計」などと報じたのだ。

朝日・毎日が「不正会計（決算）」、読売・日経が「不適切会計」、産経が「利益水増し問題」などと報じていたのはいまだ記憶に新しい。新聞各社がそう報じれば、クロスオーナーシップで結ばれた系列のテレビやラジオ局での扱いも同じであった。

それぞれの社がその緩い見出しについて色々と言い訳をしているが、これなどは東芝の莫大な広告費欲しさに記事の表現を自粛したとしか思えない事例だった。そして東芝は17年になって経営危機が表面化し倒産寸前まで追い込まれていることからも、メディア各社の報じ方が誤りであったことは明らかである。

さすがに殺人や大規模事故クラスのアクシデントでは手加減出来ないが、一般消費者に直接的な被害をもたらさないレベルのものなら、広告費の多寡がメディアの追及の尺度を決めるのは事実だ。

東芝は年間で数百億円を広告に使う大スポンサーであり、この粉飾事件で痛手を被って一時的に広告が減っても、必ず立ち直れる。メディア各社はそう考え、東芝追及の表現を弱めたに違いない。

もちろんこの時点で「粉飾決算」と正しく報じても後の東芝の経営危機は防げなかっただろうが、少なくともステークホルダーに対する警鐘にはなったはずである。そういう意味で報道各社の忖度が与えた悪影響は大きいと見なければならない。

不正請求事件に関する視点

電通の不正請求事件には大きく分けて2つの視点がある。

まず1つは、国内最大手の広告代理店が100社以上（最終報告では96社）のスポンサーに不正請求を行っていたという事実だ。この「不正請求」とは実態のない請求も含まれており、そこに金銭のやり取りがあれば、それは「詐欺」を働いていたということになる。これは立派な犯罪行為で、告訴されれば刑事罰が科せられてもおかしくない事態だ。

事件の発端となったトヨタは4～5年前まで遡って調査したとのことだから、電通は他のスポンサーにも同じような期間、不正を働いていた可能性がある。それだけでもとんでもないことだが、さらに重大なのは、電通がそれをトヨタに指摘されるまで、そのままにしていたことだ。不正行為によって水増し請求をすることは詐欺と同義であり、電通は得意先に指摘されるまで詐欺行為を止めなかった、ということになる。

さらに悪質なのは、長期にわたって100社あまりのスポンサーに不正請求を行っていたのは、一部社員の仕業ではないということだ。

そこまで広範囲のスポンサーが対象ということは、担当する複数の営業部門と、実際に請求書を発行する経理部門までがグルになっていなければ到底不可能だ。だからこそこの犯罪は「会社ぐるみ」であったと言うべきなのであり、その全社的な遵法精神と自浄能力の欠如は強く指弾されなければならない。

しかし、記者会見における同社幹部の言動は、とてもこの「犯罪行為」を重く受け止めているようには見えなかった。もしその重さを自覚しているのなら、副社長が「不適切請求と言いましたが、まあ不正です」などという能天気な発言をすることなどあり得ないだろう。

2つ目の視点は、上記のようにこの問題の重要性をきちんと報じない、大手メディアの体質だ。メディアが電通に対し異常なまでの自主規制をする構造については前述した通りだが、この事件に関しても各社は記者会見を報じただけで、独自取材による調査発表を行わなかった。記者会見ではトヨタ以外のスポンサー名は一切不明、その不正内容や請求期間も曖昧なままなのに、どこもこれを後追い取材しないというのは、極めて異常な事態だった。いうなれば、24日の報道は23日の記者会見とそこで配られたペーパーを鵜呑みにした、「大本営発表」のようなものなのに、どこも詳細を調査しようとしなかったのだ。

しかし、このように国内メディアが揃って沈黙を守る中、気を吐いたのが海外勢だった。中でも英フィナンシャルタイムズ（ＦＴ）は9月21日・23日・27日と連続してこの問題を追及し、10月3日には自社のＨＰで大きく、「電通、日本におけるメディアの支配者」という強烈な見出しの記事を掲載した。

毎年正月に行われる電通の賀詞交換会に日本のトップ企業が参集する異様さから、ライバルの博報堂の2倍以上もある規模の大きさ、オリンピック開催まで請け負う実施力、国内メディアに対する発言力などについて、筆者を含め数人の広告関係者からオンレコの証言を紹介、批判的な記事を掲載した。

ＦＴは海外でよく知られた経済専門紙であり、各国の経済に大きな影響があると判断したニュースを全世界の読者に配信している。今回は、電通という会社の特異性が日本の経済社会に負の影響を与え、ひいては広告分野での日本市場の閉鎖性を招いているという実態を世界に向けて発信したのだ。

これは海外での取扱高が全収益の50％を超えている電通に、「アンフェアな、何かおかしな企業」というレッテルを貼りつけたのだから、今後の海外展開などで相当な痛手となるであろう。

不正をしてもスポンサーは離反しない？

当たり前のことだが、もし他の業界でこのような不正請求が明らかになれば、その企業からは多くの顧客が離反し経営上の大打撃に繋がる。だが、この問題が電通からのスポンサー離反に繋がったかというと、ことはそう簡単ではない。

この問題の発端となったトヨタは、年間で百億円以上にのぼるデジタル関係領域の広告のほとんどを電通に任せていたと伝えられている。事件の発覚でトヨタ首脳部の怒りは相当なものだったらしいが、だからといって電通を名指しで非難したり、ペナルティとして全ての扱いを電通から博報堂に移した訳ではない。また、被害にあったはずの多くのスポンサーからも、告発するような動きはない。

博報堂はライバル会社の日産の専任代理店となっているから、トヨタとしても全ての業務を任せにくいし、博報堂としても、突然年間百億円分の業務を移されても、それを遅滞なく進行できるマンパワーをすぐには揃えられない。ましてや不正請求が確認された１００社以上が一斉に扱いを移したら、今度は博報堂の現場がパニックを起こすだろう。そして博報堂が無理なら、業界3位のＡＤＫにも不可能だ。

つまり、電通が突然機能を停止したら、瞬時にその代わりが出来る代理店は存在しないのだ。それほど電通は巨大化し、他社との差は広がってしまっている。そして電通幹部はそれを十分承知していて、ＦＴの取材に対しても「(不祥事があっても)日本の企業はそう簡単に広告代理店(電通)を切ることはない」などと嘯いていられるのだ。この電通の驕りを是正できない現状こそ、日本の広告業界最大の問題である。

しかし、これほどの不正を追及されても余裕を見せていた電通幹部たちが、揃って青ざめることになる事態が、すぐそこまで迫っていた。

第3章

電通過労死事件の衝撃

クリスマスの投身自殺

２０１６年10月7日は電通の歴史上、永遠に特筆される日となっただろう。経営陣はじめ電通社員にとってその衝撃は、例えて言えば真珠湾奇襲攻撃を受けた際の米国人の衝撃に勝るとも劣らなかったのではないか。この日を境に、燦然と輝いていた「電通ブランド」は坂道を転げ落ちるように崩壊していったからだ。

７日夕方、電通に勤めていた24歳の新入女子社員が15年の12月25日に自殺し、しかもそれを労働基準監督署（労基署）が９月30日に労災認定したというニュースが飛び込んで来た。さすがに死亡案件だけあって、通常は電通ネタをスルーするメディア各社も無視する訳にはいかず、新聞・テレビでかなり大きく取り上げられた。また翌日、朝日と読売は一面でこれを報じた。

朝日新聞の、「広告大手、電通の新入社員だった高橋まつりさん（当時24）が、過労自殺だったとして労災認定された。母親の幸美さん（53）は7日、厚生労働省で記者会見し、『労災認定されても娘は戻ってこない。いのちより大切な仕事はありません。

過労死を繰り返さないで』と訴えた」と報じた記事は、まだ学生らしさを残したまつりさんの遺影写真と共に、ネット上で瞬く間に拡散した。

15年4月に入社し、10月に本採用になったばかりの女性新入社員に過重な業務を背負わせ、その年の12月25日のクリスマスに投身自殺に追いやった、という凄まじいまでのブラック企業ぶりが露見した瞬間だった。

電通社員の自殺 労災認定

過労死 再発防げず

高橋まつりさん

広告大手の電通に勤務していた女性新入社員（当時24）が昨年末に自殺したのは、長時間の過重労働が原因だったとして労災が認められた。遺族と代理人弁護士が7日、会見して明らかにした。電通では1991年に入社2年目の男性社員が長時間労働が原因で自殺し、遺族が起こした裁判で最高裁が会社側の責任を認定。過労自殺で会社の責任を認める司法判断の流れをつくった。その電通で、若手社員の過労自殺が繰り返された。▼7面＝初の白書、34面＝残業100時間超

亡くなったのは、入社1年目だった高橋まつりさん。三田労働基準監督署（東京）が労災認定した。認定は9月30日付。

高橋さんは東大文学部を卒業後、昨年4月に電通に入社。インターネット広告を担当するデジタル・アカウント部に配属された。代理人弁護士によると、10月以降に業務が大幅に増え、労基署が認定した高橋さんの1カ月（10月9日～11月7日）の時間外労働は約105時間にのぼった。

高橋さんは昨年12月25日、都内の電通の女子寮で自殺。その前から、SNSで「死にたい」などのメッセージを同僚・友人らに送っていた。三田労基署は「仕事量が著しく増加し、時間外労働も大幅に増える状況になった」と認定し、心理的負荷による精神障害で過労自殺に至ったと結論づけた。

電通は先月、インターネット広告業務で不正な取引があり、広告主に代金の過大請求を繰り返していたと発表した。担当部署が恒常的な人手不足に陥っていたと説明し、「現場を理解して人員配置すべきだった」として経営に責任があるとしていた。高橋さんが所属していたのも、ネット広告業務を扱う部署だった。

電通は00年の最高裁判決以降、社員の出退勤時間の管理を徹底するなどとしていたが、過労自殺の再発を防げなかった。代理人弁護士によると、電通は労基署に届け出た時間外労働の上限を超えないように、「勤務状況報告書」を作成するよう社員に指導していたという。電通は「社員の自殺については厳粛に受け止めている。労災認定については内容を把握していないので、コメントは差し控える」としている。（千葉卓朗）

折々のことば　鷲田清一　542

鼠骨来る　共に午餐をくふ　鼠骨去る　左千夫義郎麓真来る　晩餐（鰻飯）を共にす

正岡子規

病床で激痛にのたうちまわる俳人を、友人や弟子筋がひっきりなしに見舞う。まるで病床がサロンになったかのよう。代わりに痛むわけにはいかないけれど、傍らでしばし気を散らせることはできる。そこには痛む人を孤立させないという知恵が働いていた。そういう形で、痛む人を支える〈痛みの文化〉があった。「仰臥漫録」から。

2016・10・8

（2016年10月8日　朝日新聞）

最高裁で敗訴した1991年の過労死から変わらない企業体質

電通や博報堂ではその重労働ゆえに過去にも多くの自殺者が出ているが、遺族に対し高額の補償金が出るためそのほとんどは表沙汰にならない。だが電通には1991年にも新入社員が自殺し、遺族が10年近くかけて最高裁まで争い、過労死を認定させた特筆すべき事件があった。

入社1年4ヶ月の男性社員が激務と社内パワハラの犠牲になって自殺したのだが、当時電通は遺族側からの和解要求を拒否し続け、裁判で徹底的に争った末に敗訴した。これは「電通事件」としてわが国の人権裁判史上、また過労死事件などの判例として必ず紹介されるほど有名な事件である。そして電通は敗訴後に過労死を防ぐための社内基準を新たに決めたなどとしていたが、今回それは何の役にも立っていなかったことが露呈した。

男女の違いはあるが、91年と今回の事件には類似点が多い。まずは大学を卒業したばかりの新入社員であったのに、恒常的な残業過多の部署に配属されたこと。そしてその配属中に自分の担当得意先が増え、業務量がさらに増加したこと。そして本来は新入社員に気を使うべき周囲や上司が、しばしばパワハラ的な言動を繰り返していたこと、などである。

91年当時も電通は残業における「月別上限時間」（60～80時間）を設けていたが、実際は名ばかりのもので、男性は月に140時間もの残業をこなしていた。今回の高橋さんの案件でも、労基署は最高130時間もの残業があったことを認めている。凄まじいばかりの長時間労働が放置されていたのだ。

今回の事件で彼女が配属されたのは、同年9月末に不正請求事件が明らかになった、インターネット広告を扱うダイレクトマーケティング・ビジネス局デジタルアカウント部だったことが目を引いた。朝日新聞の記事では、10月になってから所属部署の人員が14人から6人に減った上で、担当得意先が増えたとあった。つまりこれは、9月のネット不正請求事件における記者会見で「デジタル部門の人員が常に不足していた」と語った副社長の説明と符合する。

彼女の個別具体的な職務内容は明らかにされていないが、担当部署と時期からして、不正な書類作成に関わっていた可能性もあり得る。激務なのに人員を減らしたのは「儲からない部門」は社内評価が低いため、どんどん人員を削っていったと考えられる。

人員を減らして業務も縮小するというのならまだ分かるが、営業収益を上げるために無理矢理人を減らした上で業務量は増大させるなど、およそ全く合理的でないことをやっていた。

それはまさしく根性で何とかせよという「体育会系」電通の体質を具現化しているが、そのあげくが、今回の女子社員の自殺を生んだのだ。

コネ入社でなかったゆえの悲劇

高橋さんは東大文学部の卒業で、いわゆるコネ入社ではなかった。電通は「コネ通」と呼ばれるほどコネ入社が多い会社で、毎年新卒者の半分以上、女子にいたっては8割以上が縁故入社だと言われている（表向きは四大卒しか採用しないのに、短大卒資格の安倍昭恵首相夫人が入社出来たのも、彼女の父が森永製菓社長であったからだと考えられる)。

その内情は広告主の社長・副社長などの経営陣は当然として、スポンサー企業広報宣伝部の部長クラス、有力官庁の課長職以上、そして政治家の子弟等、実に多岐にわたっている。

たとえ縁故入社の新入社員の年俸が年に1千万円だとしても、その見返りとして数億〜数十億円の広告費を獲得出来れば十分元が取れるのだから、縁故入社組は体のいい「人質」とも称されている。

だが当然そういう連中の能力は正規入社組と比較すると低いため、いきなり難易度の高いスポンサー担当部署には配属されない。万一事故など起こされては困るし、仕事への不満を親に告げ口されてはもっと困るから、たいていは重要得意先担当ではなく、暇な内勤やメディア担当などの部署に配属される。もちろんメディア担当も激職だが、メディア側からみれば、電通こそが広告主を連れてきてくれるお客様なので、新人といえども丁寧に扱ってくれるからだ。

だが正規採用で本当に優秀な者は、最初から重要得意先担当営業などの激務に放り込まれる。即応性や順応性、業務処理能力が高いと判断されるからだ。これは博報堂でも同じで、たとえ東大卒だからと言っても幹部候補生である訳では全くなく、従って大事にされはしない。

大事なのは激務の中を走り回りながらそつなく仕事をこなしていける能力であり、大学名や男女差などは全く関係ない。

つまり彼女は本当に優秀だったがゆえに期待され、細かいチェック能力が必要で激務のデジタル部門に配属されたのだ。

しかし、そうやって配属された彼女を、担当部署はきちんと育てられなかった。電通は新入社員全員に富士登山をやらせたり、事件発覚前は深夜残業後でも飲み会を実施し、そこにも新入社員は必ず出席しなければならないという、まるで軍隊のような上下関係を強制する体質の会社だった。

もちろんそこでも縁故入社組は適当に加減されるが、正規組にはそれがなかった。新人に対する思いやりやいたわりがなく、上司によるパワハラも横行していた。それが明らかになり、また彼女の過労死が1年足らずで認められた背景には、彼女自身が残したツイッターという動かぬ「証拠」があったからだった。

ツイートの衝撃

私は彼女が自殺した2015年12月25日までの約半年分のツイートを読んだが、確かに業務が増大した10月頃から心身の余裕がなくなっていった様子が感じられた。

当初、このツイートに関するニュースを報じたのは、ネットを中心とした限られたメディアだった。いつものように大手メディアは電通に対する報道を「自主規制」していたのであり、今回も大きな問題にはならないはずであった。

ところが、亡くなった彼女が残していたツイートが閲覧可能だったため、それらが猛烈な勢いでネットに拡散した。

これは恐らく、電通をはじめあらゆるメディアの予想を超えた拡散だっただろう。

■高橋まつりさんのSNS上の書き込み（2015年）

10月13日	「休日返上で作った資料をボロくそに言われた　もう体も心もズタズタだ」
10月14日	眠りたい以外の感情を失った
10月21日	「もう4時だ　体が震えるよ…　しぬ　もう無理そう。つかれた」
10月31日	部長「君の残業時間の20時間は会社にとって無駄」「会議中に眠そうな顔をするのは管理ができていない」「髪ボサボサ、目が充血したまま出勤するな」「今の業務量で辛いのはキャパがなさすぎる」　わたし「充血もだめなの？」
11月3日	「生きているために働いているのか、働くために生きているのか分からなくなってからが人生」
11月5日	「土日も出勤しなければならないことがまた決定し、本気で死んでしまいたい」
11月10日	「毎日次の日が来るのが怖くてねられない」
11月12日	「がんばれると思ってたのに予想外に早くつぶれてしまって自己嫌悪だな」
11月18日	「毎朝起きたくない？」「失踪したくない？」
12月9日	「はたらきたくない　1日の睡眠時間2時間はレベル高すぎる」
12月17日	「死ぬ前に送る遺書メールのCCに誰を入れるのかベストな布陣を考えていた」
12月20日	「男性上司から女子力がないといわれるの、笑いを取るためのいじりだとしても我慢の限界である」「鬱だ」

（12月25日に自殺）

彼女の叫びはツイッターやフェイスブックをはじめ多くのSNSで共有され、「ひどい」「信じられない」「かわいそう」等の感想がついてさらに拡散された。そうなると既存メディアも無視できず、後追いで言及せざるを得なくなった。

そしてNHKをはじめテレビメディアが番組の中で彼女のツイートを朗読したことで、電通バッシングに火がついた。

しかしこの時点（2016年10月末）で電通は一切の対外発表をせず、ダンマリを決め込んでいた。だがその対応は裏目に出た。電通が何の弁明もしないので、被害者のツイートの悲劇性と真実性がより際立っていったのだ。

電通人事局、初動の失敗

高橋まつりさんの自殺に関して、遺族側代理人の川人博弁護士によると、当初電通は労務管理上の責任を認めていなかったという（遺族側弁護士独占手記「電通過労死はなぜ起きたか」文藝春秋2016年12月号）。

さらに驚くべきことに電通は、騒ぎが大きくなった後も公式の記者会見を開かず、HPなどでの釈明も一切行わなかった。もちろん16年12月27日の会見（社長退任を発表）では非を認めたのだが、どうにかして正式な記録に残したくないという意図が透けて見えた。社内コーポレートガバナンス関連を記載するページでも、今回の事件について言及した箇所はない。

ネット上での発信ツールである「電通報」も、ツイッターのアイコンは16年10月11日を最後に非公開にしたままだ（17年8月現在）。電通報のＨＰ自体は復活しているのだが、批判されるのを防ぐため新たなツイートを凍結しているとしか考えられず、これも非常に姑息な手法と言える。

15年に亡くなった高橋さんの事件が、なぜ遺族と和解に至らずに1年後労災認定という運びになったのか。

生前の高橋さんを知る人への取材や、複数の記者たちからの話を総合すると、そこには電通人事局の決定的な初動ミスがあった。

前述したように、当初電通は遺族との話し合いで労務管理上の責任を認めないばかりか、社内の聞き取り調査で明らかになったとして、自殺の原因は恋愛問題のこじれだと主張したのだ。その無責任な主張は当然ながら強い反発を生み、遺族は交渉を拒否して労災認定に動いたのだった。

電通や博報堂ではその激務ゆえに、自殺だけでなく職務中に突然死する例が多々ある。

私は18年間の勤務中に3人の先輩の職務中の死亡と、2人の自殺に遭遇した。鬱病など心身の病での入院や休職、退職は数知れない。

それでもそれらが表沙汰にならないのは、会社が遺族に対して手厚い補償をするからだ。中堅社員の自殺や業務中の死亡であれば、退職まで勤務したのと同様の見舞金が支払われていた。これは電通も同様のはずだ。それだけの補償を前にすれば、残された遺族が勝つか負けるか分からず長期に及ぶ裁判闘争をためらうのは当然だろう。

しかし高橋さんの場合、自殺した時は正社員になってまだ僅か2ヶ月（4月〜9月は仮採用期間）だった。そのため電通の人事は通常の補償扱いをせず、さらに自社の責任も認めず、遺族感情を逆なでしたのだ。

もちろん人の命は金で贖えないが、もし電通側が最初からきちんとした対応をしていれば、ここまでの事態にはならなかった可能性が十分にあったと思われる。

安倍首相、直々の苦言

10月14日に東京労働局による強制調査を受けた後、電通は18日に時間外労働時間の上限を70から65時間に引き下げると発表したのを皮切りに、なりふり構わぬ対策を講じ始めた。

10月24日からは、22時から翌朝5時までの業務禁止・全館消灯を開始。さらに11月1日には「労働環境改革本部」を立ち上げ、11月17日には電通の精神的支柱として長らく社員手帳に掲載してきた、第四代社長吉田秀雄氏の遺訓「電通鬼十則」を社員手帳から外すことを検討中と発表。

また22日には、札幌・東京・名古屋・大阪・福岡の5都市で毎年盛大に開催してきた「電通年賀会」も17年は中止すると発表した。

まるで何かにせき立てられるように労務改革に邁進（表向きはそう見える）しだした理由は何かと探っていたところ、なんと電通の石井社長が官邸に呼び出されていた、というスクープ情報が飛び込んできた。

10月中旬、新入社員自殺の労災認定報道で電通バッシングの嵐が吹き始めた頃、石井直社長（当時）が密かに官邸に呼ばれ、安倍首相から直々に注意を受けていたというのだ。ニュースソースは電通の中枢に近い筋からだった。

そしてその会談の中身とは、

「これまでの一連の事件によるイメージ悪化は、電通が担当している東京オリンピック業務に支障を来す恐れがあるから、これ以上の事態の悪化を防ぎ、一刻も早く終息させるように」

という忠告だったという。

傲慢さで鳴らした電通も、さすがに国の最高権力者からの厳命はただごとではないと焦ったのか、その後は前述したような改革を矢継ぎ早に実施していった。

不自然とも見えた、突然の改善策の乱発にはこうした背景があったと考えれば確かに納得がいく。官邸が労働局による強制調査情報を掴み、それによる電通のさらなるイメージ悪化がオリンピック業務にも影響すると先読みしたのは、その後の展開を見れば非常に正しい予測だったと言えるだろう。

電通のイメージ悪化が東京五輪にダメージ？

では、なぜ電通のイメージ悪化が「オリンピック業務に支障を来す」恐れがあるのか。後述するが、今回の一連の事件でもし社長以下関係者が逮捕されたり、会社が刑事訴追されたりすれば、電通は官庁関係業務の指名・受注停止となる恐れがあるからだ。そしてもしそうなれば、２０２０年東京オリンピックの業務も税金が投入される「官製業務」だから、こちらも一定期間の業務停止となる可能性があった（実際にＪＯＣは２０１７年2～3月、電通を１ヶ月の新規案件の指名停止処分とした）。

となれば、オリンピック業務は電通の独占受注だから替えが効かず、関連業務が全て停止するという、とんでもない事態が起こりうる。博報堂や他代理店に業務を代行させようとしても、電通の業務停止期間中だけいきなり五輪業務をやれと言われて出来るはずがない。

さらに現在43社にのぼっているオリンピックスポンサー契約は全て電通が各社と結んでいるのであり、もし関連の仕事を他社にやらせるなら、契約をやり直さなければならない。

だが、仕掛かりの仕事を途中でバトンタッチするなど、現実にはあり得ないだろう。また、各スポンサーのＣＭ放映権という一番収益率の高い業務は電通に残し、カウントダウンイベントなど人手ばかりかかって儲からない業務だけを他代理店にやらせようとしても、どこも受注しないだろう。つまり、簡単に代替えなど出来ないのだ。

ただ当然ながら、今回の労働業務における刑事訴追で五輪業務まで停止させられるのか、という法解釈上の問題はある。

さらに、官邸が検察に圧力をかけ、軽い処分に止めるという手段もあるだろう。しかし、労働局からの書類送検は決定的であり、社会的にはその時点で「法令違反企業」という負の評価が確定する。

つまり、このまま電通に業務を続行させると、「法令違反企業に世界的イベントをやらせるのか」という社会全体からの強い批判に晒され、電通と共に五輪イメージのさらなる悪化が起きてしまう危険性があった。

安倍首相にとって、自身が先頭に立って誘致した五輪の失敗など絶対にあってはならない悪夢であり、それを回避するためには一刻も早く電通の不祥事を終息させなければならないが、自身が旗を振る「労働改革」実現のためには電通の処分を甘くすることも出来ず、相当頭が痛かっただろう。

しかし首相の懸念をよそに、事態は刻々と、しかも想像以上に悪化した。3年前にも過労死による労災認定があったことをNHKがスクープし、本社だけでなく各地の支社が何度も労働環境の是正勧告を受けていたのに無視していたことも続々と発覚し、11月7日には遂に本支社に強制捜査を受けるに及んで、電通のブランドイメージは10月中旬より遙かに悪化、「ブラック企業の代名詞」へと失墜した。年末に発表された「ブラック企業大賞」（過去に東電や和民などが受賞）の受賞を、10月の事件勃発時点で誰が予測できただろうか。

長い間、電通はメディアの「電通の不祥事は深く報道せず」という暗黙のルール（電通コード）によって守られてきた。しかし新入社員自殺事件の反響があまりにも大きかったのと、続けての当局による立ち入りはさすがに各社とも報道せざるを得ず、電通コードも遂に崩壊したのだった。

これには、電通の権勢が及ばないネット上のSNSが果たした役割が非常に大きい。亡くなった新入社員や告発する母親の写真が瞬時に拡散して同情と電通に対する怒りを誘い、スルーしようとしていた既存メディアもその勢いを無視できなかった。ここまで事態が悪化したのは、新入社員自殺事件への対応の失敗が最大の要因だったと言えるだろう。

「22時一斉消灯」突然の実施

新入社員の労災認定記者会見から始まった電通の激震は、様々な広がりを見せた。労働局による10月14日の強制調査を受け、将来的な刑事訴追を何としても避けたい同社は、遂に10月24日から22時から朝5時まで全館消灯という、なりふり構わぬ異例の措置に打って出た。

さすがにこれは話題を呼び、テレビを含め多くのメディアで報道された。現実に目の前にある仕事量を減らさずに22時に消灯にしても、自宅や他所での隠れたサービス残業が増えるだけだが、とにかく目に見える形で労働局や厚労省に白旗を掲げて見せるという、電通らしい派手なパフォーマンスであったとも言える。

テレビメディアのほとんどはこの22時消灯を論評抜きで伝えていたが、朝日や東京新聞などの活字メディアは、現役や元社員の「サビ残が増えるだけで、何の解決にもならない」という証言を掲載し、その効用に疑問を呈していた。

さらにこのようなパフォーマンスの陰に隠れて、電通は高橋まつりさんの自殺に関しては、12月27日の社長退陣表明まで一度も謝罪しなかった。同社は株式を上場しているれっきとした株式会社であり、ステークホルダーに対する説明責任もあるはずだが、それさえも全くしなかったのだ。

電通自身がスポンサー企業広報に指南している「危機管理広報マニュアル」では、事件や事故に際して企業広報は迅速に情報を公開し、メディアの問い合わせには誠実に対応すべし、と教えている。

また、責任がはっきりしている場合は、最高責任者（社長）がきちんと謝罪することが何よりも重要だとしている。それなのに、電通は完全にその真逆をやっていた。同社内部でも混乱を極めていたのだ。

電通の「焦土戦術」

これには2つの理由があると考えられた。

まず、当初電通は高橋さんの自殺に関して会社としての責任を認めていなかった（遺族との和解は17年1月）。認めていないから謝罪など出来るはずがない。だからこそ、広報は取材に対し「遺族と協議中なので、個別質問には答えられない」と判で押したような回答に終始していた。最終的には亡くなってから1年以上経過し、書類送検までされて完全敗北した上での「和解」となったのだ。

そしてもう1つは、沈黙することによって一切の情報を提供せず、それによってメディアの後追い報道を阻止しようという戦術を取っていたのだ。

電通は一般消費者を相手にしていないので、多少イメージが悪化しても、ただちに業績に響かない。しかし、謝罪や記者会見を開けばその様子を報道され、労働局の刑事訴追に繋がる恐れがある。

さすがに刑事訴追や行政処分となれば、官公庁の競争入札や随意契約から締め出されるから、直接株価にも影響する。それを未然に防ぐためには、「情報を提供しないことによる報道阻止」という戦術を取っていたのだ。大昔からある、戦争で侵入してきた敵軍に兵糧や水を与えないため、敢えて田畑を焼いて井戸に毒を投げ込む「焦土戦術」のようなものだ。

もちろん、この戦術はメディアを舐め切っている電通だからこそ出来るやり方だった。一般の企業なら、情報を出さない姿勢を猛烈に批判されるし、会社は社員の自殺や強制捜査の責任を強く問われる。

また、社長や自殺した社員の部署責任者への突撃取材、自宅を取り囲んでの「メディアスクラム」なども行われる。

しかし筆者が知る限り、電通上層部に対してそれをやったのは『紙の爆弾』を発行している鹿砦社くらいしかない。いうなれば、電通に対する報道の多くは、まだまだ堀の外側で騒いでいるにすぎず、城の本丸には全く切り込めていなかったのだ。

大手の報道メディアは、本人からの証言や証拠が取れない限り、憶測や予想で記事にすることはない。

相手はそれを知っていて、黙秘することによって火事の沈静を狙う。そこを、地を這うような取材でひっくり返すことこそメディア側の使命なのだが、「まさかウチに対してそこまではやらないよな」と電通に完全に舐められていたのだ。

しかしそれでも、少しずつ「電通によるメディアの統制」という城壁に穴を穿《うが》つ動きは広がっていった。

14年にも男性社員が過労死し、労災認定されていたことをNHKが報じ、各社が追随して一斉報道された。また、厚労省が過去3回にわたり電通を育児をしながら働きやすい環境づくりに取り組む「子育てサポート企業」に認定していた茶番も明るみに出て、厚労省はこれを取り消した。さらに14〜15年にかけて、東京本社や関西支社での違法な長時間労働があったとして、管轄の労基署から是正勧告を受けていたことも明らかになった。

そして遂に国会では、民進党の石橋通宏参院議員が参議院厚生労働委員会で「厚労省は電通と5年間で約10億円の契約実績がある。過労死を出す企業については、状況が改善するまで契約を見直すべきだ」と指摘、塩崎大臣が対処を明言する事態となった。まさに、このような国会での追及こそ、電通が避けたい「本丸への攻撃」だったのだ。労働局による書類送検で東京地検が刑事訴追を決定すれば、他の官公庁の業務にも支障が出るし、場合によっては電通社長の参考人招致もあり得た。

そもそも刑事訴追を受けるような企業がなぜ広告業界でトップに立ち、官公庁の膨大な業務をはじめ2020年東京オリンピックの仕切役になっているのか。一体、日本の広告業界の構造はどうなっているのか。そしてどうしたら、このような一企業の寡占と横暴を排除できるのか。国民注視の国会の場で追及すべく、メディア各社の報道姿勢が試されていた。

NHKの猛追及

電通に関する報道はスルーすることで足並みを揃えていた大手メディアの間で、早くから事件内容を詳細に伝えたのは新聞各社とNHKであった。亡くなったのは若い新入社員であり、その激務ぶりを証明するツイッターがSNSで拡散され、とても無視出来なかったからだ。

さらに電通には、以前にも新入社員が自殺して裁判になったという「前科」があった。だがそれでも、普通の企業事件なら行われる社長など経営陣への直撃取材や、自宅へのメディアスクラムなどは一切起きなかった。取材のほとんどは同社広報を通して行われるという、非常に行儀のいいものであった。

雑誌も当初は沈黙していたが、次第に追及記事を載せるようになった。週刊文春、サンデー毎日、週刊朝日などは数度にわたって追及記事を掲載。特に週刊現代は11月22日号で『逮捕におびえる天下の電通「屈辱の強制捜査」全内実』と題された記事で、労基法の121条2項を根拠（違法状態を知っていて是正しなかった事業主は処罰される）に、石井社長（当時）の逮捕もあり得ると書いた。少し前なら「電通の社長を逮捕」などという表現がメディアに載ることなど絶対にあり得なかったことであり、僅か数ヶ月前と隔世の感があった。

とはいえ気を吐いたのはもっぱら活字メディアが中心で、大半の電波（テレビ・ラジオ）メディアは第一報を流しても、番組内のコーナーなどで取り上げたりはしなかった。「第一報」とは強制捜査や立ち入り検査の実施を伝えることであり、それは事実の報道だから昼間のワイドショーや夜のニュース番組でも一応は報じる。しかし電通事件の場合、他のニュースソースとは異なり、コメンテータやゲストがその話題に言及することはほとんどなかった。

つまり「事実」は報じるが論評はしないし深堀りもしない、という一種の責任逃れに近い姿勢だったのだ。電通に対する極端な怯えから来る忖度にも近いその姿勢は、今回も特に民放テレビ局で際立っていた。

しかし、広告に依存しないＮＨＫは、民放の忖度分も背負うような勢いで、この事件を報道した。

大きな事件の場合、ＮＨＫは朝7時・昼12時・夜7時のニュースを中心に、その間の様々な番組内でも関連ニュースを報道する。電通事件の場合は、長時間残業の問題に加えて「働き方」という国民全体に関わるという切り口で、様々な番組で繰り返し報道された。一連の電通事件の取材を担当したのは東京社会部で、早くからこの問題は徹底追及するという意思統一が出来ていたらしい。

結果的にはまずＮＨＫが様々な番組で報道し、民放各社もコメントなしで事実は報じる、という流れが出来ていった。

そこに新聞各紙、雑誌が加わり、11月になると濃淡はあっても多くのメディアが連日のように「電通」という名前を連呼する状況が形成された。戦後、長きにわたり密かに形成されてきた「電通タブー」という防護カーテンが消え、電通という企業の存在が国民の前にはっきりと姿を現したのだった。

厚労省強制捜査

10月中旬頃に安倍首相が直々に電通社長に注意を与えていた。電通が独占受注しているオリンピック業務への影響を懸念していたからだが、首相の心配をよそに、事態はさらに悪化の一途を辿っていった。

そして遂に11月7日、厚労省が立ち入り調査後僅か1ヶ月で強制捜査に踏み切ったことは、電通経営陣に大きな衝撃を与えた。前回の10月14日に実施された調査とは異なり、今回は捜査令状と強制力を伴う捜査であり、もはや書類送検は決定的になったからだ。ＮＨＫはじめ主要メディアは速報で伝えた。

この時点では、一連の事件の影響はまだ数字となって現れてはいなかった。11月14日に発表された16年1～9月期の電通の業績は17％増となっていた。不正請求の記者会見が9月24日だったのと、新入社員過労死の労災認定による騒ぎが巻き起こったのは10月以降だから、その影響が反映されるのは次の決算発表においてだろう。

だがこの決算で目を引いたのは、「リオデジャネイロ五輪や東京五輪関連のスポンサー収入が利益を押し上げた」という部分だった。私は再三にわたって五輪関係のスポンサー収入の巨大さを指摘してきたが、16年度の決算はまさしくその数字の恩恵に浴していると言っていいだろう。逆に言えば、もしその独占が崩れれば、相当な痛手となるということだ。

この強制捜査は、電通本社と同時に中部・関西・京都支社に捜査員90人以上を投入するという前代未聞の規模で行われた。

通常、労働局は都道府県単位で置かれているから動きは別々になる。それを一斉に動かすのは厚労省本体が動いたということで、当然ながら労働大臣の指揮の下に行われたのだ。これは国が徹底的に電通を締め上げる決断をしたということであり、電通はもはや書類送検を免れない事態に陥ったのだった。

電通のオリンピック巨大利権

事態が強制捜査にまで及んだことで、一連の事件で電通の社長が逮捕されたり、会社が刑事訴追を受けた場合に、電通の官庁関連業務が停止となる可能性が現実化した。それが直結するのが、電通が独占している五輪関連業務だ。これだけ「ブラック企業」としての悪評が確立し、さらに刑事訴追まで受けるような企業が税金を使った業務をするなど、国民の理解を得にくくなるのは当然だ。

だが細かく考えると、労基法違反を根拠とするペナルティ条項を設けている官庁や公益法人はほとんどないと考えられ、どの法律を根拠に業務停止とするのかが問われることになる。

また、実際問題として今まで全ての業務を遂行してきた電通を業務停止にすることは、法律的にはあり得ても、実行面では相当な困難が伴う。先ず、いきなり全ての業務を取って変われるマンパワーが日本国内に存在しない。

もちろん博報堂やＡＤＫにもスポーツ事業の専門家はいるが、オリンピックは他の業務と兼業できるようなレベルではなく、専業にして出向させなければならない。その人数も数十人単位が必要だ。

そして業務内容も、これからいよいよオリンピック実施に向けた様々なプロモーションやイベントが開始される時期に差しかかっている。量的には、少なくとも現在スポンサーになっている43社に加えてさらに数十社のプロモーションを同時進行で動かしていかなくてはならない。こうした作業を途中だけ手伝って、業務停止期間終了後にまた元に（電通に）戻すなど、過去には全く例がないことだ。

つまり、もし本当に電通が長期間業務停止になったら、スポンサー契約を他の代理店に切り替えて業務を全部任せるか、業務ごとに（業務停止中のCM制作、その他広告制作、イベント等）細かく委託し、時間的に間に合わない作業だけを他代理店にやらせ、電通の謹慎明けを待つしか方法はない。

とはいえ現実的な視点で考えれば、このタイミングでの電通の業務停止や、それに伴う他代理店への業務移管は相当困難であることが分かる。しかし、だからといって、国の行政機関が強制捜査まで実施し書類送検した「ブラック企業」に、世界的な祭典である五輪を任せて良いのかという「道義的責任追及論」が台頭することは避けられない。もし五輪業務が電通の一社独占でなく複数の代理店が絡んでいれば、電通が業務から外される可能性は十分にあった。電通が抜けても、他社がその穴埋めを出来るからだ。

しかも、現時点でも電通のブランドイメージは完全に失墜しているのに、この先にまだ何が出てくるのか分からない状況だ。つまり、これから先数ヶ月にわたって、電通にとってさらなるネガティブ情報が出る恐れはあっても、信頼回復の目途は全く立っていなかったのだ。

電通はコンシューマー（消費者）を直接相手にしていないから、不祥事が起きてもなかなか痛手を受けない。

しかしこれには逆の作用もあって、消費者を相手にしていないから企業としての謝罪姿勢が届きにくく、その取り組みも見えにくいという側面がある。一般的な企業なら、不祥事を起こしたら謝罪広告を打つとか、店頭で配るパンフにお詫びを入れるという手段があるが、電通には消費者との接点がないから、それがない。つまり、イメージ回復のための、起死回生の一手などないということだ。

11月の時点で上記のような電通の業務停止可能性について論じた記事はサンデー毎日しかなかった。

全国紙4紙は揃って五輪スポンサーになっており、五輪盛り上げムードに水を差すようなこの話題にはなるべく触れたくないだろう。しかし、労働局による書類送検が行われた時点で世論の関心は一斉にこの問題に集まるのは必至であった。

迷走する社内

11月7日に全社員に向けた社長メッセージが発せられ、12月2日には社員の1割を配置転換するという社内体制の改革を発表し、改革イメージを懸命にアピールした電通だが、それが偽りの姿であったことが11月20日、ネットメディアのMNJ（マイニュースジャパン）によって明らかにされた。NHKのインタビューに感想を述べた社員を戒告処分にしていたことが暴露されたのだ。

放映されたＮＨＫ『ニュース７』の字幕では「捜索が入って急に騒ぎ出すのは自浄能力のない会社だなと思う」と記されていた。その直前に行われた社長の社内会見では、石井社長が「様々な社員のみなさんの声を取り入れて、みなさんと共に新しい電通を作っていければと思っています」と述べていたのに、感想を述べただけの社員を戒告処分にしたというのだから、まさに驚愕であった。

しかも、何らかの社内機密を漏らしたというなら別だが、この社員はインタビューに対して自分の感想を述べただけだ。

石井社長は「先日来、社内の文書が外に漏れている。ご自分の考えを述べることはもちろん構わないが、社内の情報を外に出すことは、明確な社規違反です」とも語っていたのに、対応は真逆だったのだ。

もし経営陣が社員の感想を「社内機密情報」と判断したとするなら、まさにソ連時代の小話である。一体、どういう話か。

「『赤の広場』で『スターリンは馬鹿だ』と叫んだ男が逮捕された。裁判の結果、懲役25年が言い渡された。刑期のうち5年は侮辱罪、残りの20年は国家機密漏洩罪であった」を彷彿とさせる愚かな処置であった。

この時点で電通経営陣は正常な判断が出来ないほど混乱していたとしか思えず、こんな感想を述べた程度で戒告なら、真摯な意見を述べる者は誰もいなくなってしまうだろう。

実は、この社員が何らかの処分を受けるかもしれない、という情報は処分以前からメディアにも漏れていたのだが、その可能性を確認した記者に対し、電通広報は「そんなことをすれば（批判に）火に油を注ぐだけだから、あり得ない」と回答していたというのだから、もはや経営陣と広報間の連携すら取れていなかったということなのだろう。そして、このMNJ記事の確認をした他メディアの記者に対しては「社内事情を公開する義務はない」として回答を拒否したのだった。

電通（博報堂も）がスポンサー各社に提案している「事件・事故対応広報マニュアル」では、重大事件後は広報担当者を選任し、メディアの質問には誠実に答える態度が必要だと書いてあるはずだ。あの悪名高い東電でさえ、定例記者会見では（不十分ながらも）一応は回答する姿勢を見せている。

それは、事件事故の勃発時には厳しかった記者にも誠実に対応すれば信頼関係を構築でき、事態が収まってきた時には冷静な記事を書いてもらえるなど、味方になってくれる可能性があるからなのだが、電通の対応は見事にこの自らが提唱するセオリーを無視している。

恐らく、店頭で物を売るコンシューマー製品を作っている企業ではないから、メディアを通じた丁寧な説明など一切必要ないと考えているのだろう。傲慢さは少しも変わっていないのだ。

しかし、こうしたメディアに対する「塩対応」は確実に記者たちに「不誠実な企業」という印象を与え、彼らは不満を募らせていった。

実は電通にはもう一件、ここ数年内に起きた過労死事件が存在するという情報があり、あるメディアがその存在を懸命に追っていた。結果的には遺族が解決金を貰っていて発表を望まないということで表沙汰にはならなかったが、もしそれが世に出ていたなら、電通の信頼はさらに回復不能な状態に追い込まれていただろう。不誠実な対応をすればするほど味方はいなくなり、さらに急所をスクープされるという泥沼に入り込んでいたのだ。

そして電通は毎年末に開催されている「ブラック企業大賞」にノミネートされた。２０１６年は佐川急便や関電など錚々たる面子が揃っていたが、下半期だけの僅か数ヶ月でここまでイメージが悪化した企業は他になく、大賞受賞は間違いないと思われた。

ブラック企業大賞「何人もの労働者がこの企業に殺された」

結果は予想通りだった。

毎年、残業代の未払いやパワハラなどの法令違反企業を選定する「ブラック企業大賞」の授賞式が12月23日に行われ、事前に行われたネット投票によって電通が圧倒的大差で大賞に選ばれた。

「過酷で人権侵害的な労働環境をまともに改善することもなく放置し続けた」ことが授賞理由とされた。

授賞式では、新入社員の高橋まつりさんが2015年12月25日、長時間労働の末に自殺したこと、1991年と2013年にも社員が過労自殺・過労死したことが紹介された後、

「何人もの労働者がこの企業によって殺された。電通は、日本を代表する大企業である。それは輝かしい意味ではない。社会的に決して許されない人権侵害を続けた代表的企業である」

とする痛烈な批判文が読み上げられた。

ちなみに2016年度のノミネート企業は以下の11社であった。

・株式会社エイジス（棚卸し代行業者）
・株式会社電通（広告代理店）
・株式会社ドン・キホーテ（ディスカウントストア）
・株式会社プリントパック（印刷サービス）

・関西電力株式会社（電力）
・佐川急便株式会社（運送）
・サトレストランシステムズ株式会社（「和食さと」など飲食店）
・宗教法人・仁和寺（京都市の真言宗御室派の総本山寺院）
・ディスグランデ介護株式会社（デイサービス「茶話本舗」ＦＣ企業）
・日本郵便株式会社（郵便事業）
・ＤＷＥ ＪＡＰＡＮ株式会社（しゃぶしゃぶ温野菜）

関電や佐川急便、ドン・キホーテなども知名度が高い全国区の大企業だが、10月の労災認定発表から連日のように報道され、厚労省や労働局にも標的にされた電通の授賞は順当な選定だっただろう。

しかもこの年の授賞式は、例年と異なる点があった。ＮＨＫが『ブラック企業大賞』電通」と夜7時のニュースで大々的に報道したのだ。

「ブラック企業大賞」は２０１２年の「東京電力」に始まり、13年は「ワタミフードサービス」、14年は「ヤマダ電機」、15年は「セブン‐イレブン・ジャパン」など毎年

2017年12月23日、「ブラック企業大賞」電通を伝えるNHK 夜7時のニュース

のように有名企業が大賞に選ばれてきた。そのため、広告出稿を失いたくないほとんどの大手メディアは会場に姿を見せず、既存メディアではほとんど報道されないことが通例となっていた。今まではＮＨＫも大きくは報じていなかった。

それゆえ、夜7時という一番注目される時間のニュースで報道されたことは大きな話題となり、「ブラック企業・電通」のイメージは「単語」となって一気に拡散した。

この報道こそ、ボロボロになっていた電通のブランドイメージを粉々に粉砕し、とどめを刺したと言えるだろう。

書類送検で石井社長、遂に引責辞任

２０１６年12月28日、東京労働局は会社としての電通と、亡くなった高橋まつりさんの元上司と思われる社員１人を書類送検した。捜査は越年するとみられていたが、11月７日の強制捜査から僅か１ヶ月半という極めて異例の早さで進展した。記者会見した労働局幹部は「一刻も早くやらなければと全力を挙げた。これで終わりではなく、捜査を続行して他にも送検すべき対象がいれば今後も訴追する。12月25日の高橋さんの命日も意識した」と語った（朝日新聞）。

これを受け電通は同日19時から緊急記者会見を開き、石井直社長の１月引責辞任を発表した。石井氏は、

「高橋さんが亡くなったことは慚愧に堪えない。不退転の決意で改革を実行する」

などと沈痛な表情で語った。

私はこの記者会見をネット中継で見ていたのだが、実に不思議な光景だった。電通側登壇者は石井社長、中本副社長、越智人事局長の３人のみで、相当大きな会場なの

に、集まったメディアは20人に満たないほどに見えた。まるで大きな体育館で、僅かな出席者が1ヶ所に集まって集会を開いているかのようだった。

会見後の質疑応答から察するに、参加したのは全国紙の記者、共同通信、時事通信、ハフィントンポストなどネットニュースサイトの記者や編集者などで、雑誌関係は質問者がいなかった。

さらに、テレビ局はさすがに映像が必要だから撮影クルーはいたようだが、NHKとフジテレビ、日テレ以外は質問しなかった。全国紙記者とNHKが何度も繰り返し質問していたのに比べ、民放全体での消極性が鮮明になっていた。

前項でも述べたが、電通事件に関する報道はNHKの独壇場といった状況で、この日も夜7時のニュースで記者会見の模様を生中継し、石井社長が深々と頭を下げる映像を流した。

また、社長辞任を告げた数秒後にニュース速報のテロップも打った。さらに、夜9時の「ニュースウオッチ9」でもコーナーを作り詳報した。

記者会見後の報道陣との質疑応答で印象に残ったやり取りをいくつか紹介する。

まず、読売新聞の記者が、

「一連の問題発覚から数ヶ月経つが、社長の記者会見はこれが初めてだ。なぜこのタイミングになったのか」

と問うと、石井社長は、

「遺族への謝罪を最優先と考えていたが、今まで許可を得られなかった。ようやく25日の一周忌に弔問が叶った。また、本日書類送検されたということで会見実施を決めた」

と返答した。

さらに、

「会見が遅すぎたとは思わないか」

と糾されると、

「思いません」

と回答した場面は、これまでメディアからの記者会見要請を散々無視してきたことを肯定するかのような即答ぶりだった。

そもそも高橋さんが亡くなって1年も経つ。労災認定されるまで和解を拒否して傍観し、認定後に騒ぎが大きくなったから慌てて謝罪するなど遺族に拒絶されて当然だ。それを、「遺族を最優先にした」などとは片腹痛い。さらに刑事裁判化した場合の不利益を恐れてそれまで謝罪表明せず、延々と事態を悪化させた挙げ句の記者会見が「遅くない」とは、やはり傲慢という鎧が衣の下から垣間見えた瞬間だった。

さらにハフィントンポストが、

「今年のブラック企業大賞に電通が選ばれた。世間にブラック企業と思われていることについてどう考えているか」

と三者に回答を要請。これに対し、

石井社長「謙虚に受け止めて反省の材料にしたい」

中本副社長「決してブラック企業ではないと声を大にして言いたいが、そう見られている事実を謙虚に受け止めたい」

越智人事局長「真摯に受け止めてブラック企業の名を返上できるように努力していきたい」

と模範回答したのだが、

「ブラック企業大賞を知っていたか」

との再質問に石井社長は、

「知らなかった。当日報道で知った」

と苛立ち気味に回答していた。

しかし、情報を最大の武器とする企業の社長が今年で5回目となる「ブラック企業大賞」を知らなかったとしたらそれこそ問題だし、「知らなかった」と吐き捨てるように言ったその表情には、そのようなものに翻弄されている悔しさが滲み出ていた。

そして共同通信が、

「東京オリンピックの業務に支障はないか」

といきなり核心に触れる質問をした。これに対し、石井社長は、

「問題ありません」

と軽く受け流したように見えたが、実はこれが電通にとって今後最大のアキレス腱となる可能性があるのは、何度も指摘した通りだ。

その瞬間の石井社長は、一番触れて欲しくない質問には努めて軽くスルーしたかのように見えた。

もし電通が訴追されれば、それは国によって電通が「法令違反企業」と認定されたことになるから、官庁関係業務の指名停止処分の対象となる可能性がある。そうなれば、オリンピックは当然官製業務であるし、そもそも「倫理規範の尊重」を金看板とするオリンピックを「法令違反企業」が仕切るなど、日本国内は誤魔化せても世界には全く通用しない論理だ。

欧州や米国は人権や労働環境軽視に関して、日本とは比較にならないほど規制や監視が厳しい社会だ。

現段階での「電通事件」は国内の一企業の問題だが、皮肉にもオリンピックというワールドクラスの檜舞台を担当していることによって、電通の悪名が世界に広がる可能性がある。そうなれば、「人命軽視の法令違反企業はオリンピックから外せ」という要求が海外からわき上がる可能性もあるのだ。

労働局からの書類送検を受け、遂に電通は社長辞任というジョーカーを切り、一気に事態の収束を図ろうとした。しかしこの時点で電通にはまだ、ネット関連業務における不正請求問題や、オリンピック招致時の賄賂疑惑も残っていて、もはや社長の引責で全てが終息できるような状況ではなくなっていた。

そして、年明けには、さらに全く異なる方面からの追及が迫っていた。

第4章 電通の地に落ちた危機管理能力

電通が失った2つのブランド力

ここまで、2016年の電通事件を振り返りながら、同社の問題点を様々な角度から論じてきた。2017年4月25日に厚労省の電通に対する捜査は終了し、検察は立件する模様だと報じられた（17年4月末現在）。

半年間にわたった事件は世間の耳目を集め、電通の企業ブランドは完全に失墜した。あれほど隆盛を誇っていた企業が、これほどの短期間でブランドイメージを失墜させた例は、東北大震災で原発事故を引き起こした東京電力くらいしか思い浮かばない。

しかも東電の場合は数十万人の直接的な被害者を生んでいるが、電通の直接の被害者は高橋まつりさん一人だ。もちろん、似たような境遇にある電通社員もその予備軍かもしれないが、それにしてもその凋落ぶりは劇的だった。

高橋さんの自殺労災認定から始まり、次第に電通社内の過酷な労働実態が明らかになり、電通が過去に何度も労基署からの通達を無視していたことや、さらに他にも自殺者がいたことが次々に明るみに出た。

そこにはＮＨＫの報道が大きな役割を果たしたことは前述したが、民放テレビ・ラジオ以外の活字メディアが電通に忖度せず、新聞社も揃って批判的記事を掲載し続けたのが大きかった。

通常、政局に関しては無条件に政府側の肩を持ち、日頃は電通と蜜月関係にある産経や読売新聞も、この事件に関しては電通を擁護しなかった。これは記事を書く担当が政治部と社会部に分かれているからだろうと思われる。

広告依存率の高い民放テレビ局やラジオ局は事実報道だけに徹して番組解説者、コメンテータによる議論や意見表明を極力避けた。しかしそのため電通を擁護することも出来ず、結局は高橋さんの写真や労働局による強制捜査の様子ばかりを映す結果となり、それらがネットに拡散する悪循環となった。

電通は途中から自社で火消しをするのを諦め、ＰＲ会社を使ってメディアの懐柔を試みたが、あまりにも批判的な空気が強い中で電通擁護の論陣を張るのは危険すぎて、目に見える成果を出すことは出来なかった。

とはいえ、これほどブランドイメージが壊滅的な打撃を受けても、電通の広告業界における地位は全く揺らいでいない。ブランドが地に落ちても、同社の収益構造には今のところ影響がないからだ。

しかしこれは、実は非常に皮肉な話でもある。電通（博報堂もそうだが）はプレゼンの場で必ずと言っていいほど「企業のブランドイメージは企業価値と不可分」「企業ブランド構築が最優先」などと言って大キャンペーンの必要性を説いてきたのに、ブラック企業の烙印を押されても企業収益にはほとんど影響がないことを自ら証明してしまったからだ。

もちろんこれは直接消費者と相対しない職種だから可能なのだが、同じような企業は電通の得意先にもゴマンとあり、今後そうした企業へのプレゼンで電通がどのように言い繕うのか見てみたいものだ。

つまり、この事件で電通が失った「ブランド力」には2つの異なる面がある。

まず1つ目は、広告業界のガリバーで「超優良企業」としてのブランド力だ。圧倒的な業界トップで給料も高く、厚生省からは「女性が働きやすい企業」として認定され、大学生の就職ランキングでも常にトップテン内にランクインする人気企業だった

■就職人気ランキングで電通急落

2016年 順位	2016年 企業	2017年 順位	2017年 企業
1	電通	1	全日本空輸
2	全日本空輸	2	日本航空
3	伊藤忠商事	3	伊藤忠商事
4	博報堂	4	JTBグループ
5	日本航空	5	オリエンタルランド
6	三菱東京UFJ銀行	6	資生堂
7	サントリーホールディングス	7	味の素
8	JTBグループ	8	花王
9	みずほフィナンシャルグループ	9	三菱東京UFJ銀行
10	三井住友銀行	10	博報堂
	⋮		⋮
15	味の素	23	電通
59	三菱電機	143	三菱電機

（みんなの就職活動日記調べ）

味の素：1日の労働時間を7時間15分に短縮し、前年15位から7位に順位を上げた

電通：新入社員の過労自殺、ネット広告の不正請求など不祥事が続出し、前年首位から23位に急落

三菱電機：社員の長時間残業が問題となり、前年59位から143位になった

が、その虚像が崩れ、いまや「優良企業」どころか「ブラック企業」の代名詞となった。

楽天運営の就活サイト「みんなの就職活動日記」の調査では、16年の就職人気ランキングでトップだった電通は、17年は23位に急落した。他の就活サイトでも軒並みベストテンから姿を消しており、このレッテルを剥がすのは容易ではない。

そして2つ目は、電通が喧伝してきた自らの「危機管理能力のプロ」ブランドの失墜である。あらゆるスポンサー企業に対し「危機管理における広報戦略のプロ」であることを売り込み、電通に任せておけば安心だと吹聴してきたのに、自社の炎上を全く防げなかった事実は、スポンサーはじめ多方面に大きな衝撃を与えた。

有事の際はメディアを統率する力があると信じられていたがゆえに強力な「火消しのプロ」と認知されていたのに、それが張り子の寅であったことがバレてしまったのだ。これから先のビジネス戦略を考えると、スポンサーに対する説得力が消滅してしまったという点で、電通にとってはむしろこちらの方の痛手が大きいと言えるだろう。

電通の社内改革案

労働局の強制捜査にまで及んだ電通は、矢継ぎ早に労働環境の改善策を発表した。12月2日に17年1月を目処に全社員の約1割にあたる650人を配置転換、人材の足りていない部署の解消を目指すと発表。中途採用も拡大し、12月から60人の募集を開始するとした。

また、１月から70ある局に１人ずつ、人材管理を担当する「マネジメント職」を配置すると発表。キャリア開発支援や健康への配慮に関する研修を受けた人材が着任し、社員一人ひとりの勤務時間管理や、局全体の労働状況の管理などにあたるとした。

さらに９日には、長く社員手帳に掲載して来た社員心得「鬼十則」を２０１７年版から削除することも発表した。管理職を部下が評価する「３６０度評価制度」も導入し、上司による一方的な人事判断是正を目指す。また、全ての部門で有給取得50％以上を目標にするという。

このなりふり構わぬ職場改善策は、予想された労働局による書類送検をなんとか軽いものにしたいという、全面降伏の意思を示すものだった。強制捜査まで受けているから送検は免れないが、その内容によって東京地検の動きも変わるから、少しでも印象を良くしたいという必死の思惑が透けて見えた。ここでその施策の意味を検討してみよう。

まず全社員の1割配置転換だが、これは実は大した話ではない。元々電通や博報堂は年度末になると大々的な人事異動を発表する。人員の昇進や異動、局の統廃合や新設などが集中的に発表されるので、毎年のように全社員の1割くらいは動くのだ。要はそのタイミングを早め、人材の偏りを是正し平準化を急いだにすぎない。

しかし、いくら配置転換を前倒ししたとしても、高橋まつりさんの自殺を招いた部署間の人員不足、極端な仕事の集中を解消するというのは容易ではない。例えば、デジタル部門は高度の専門性が必要であり、知識がない人員を数合わせで投入しても、すぐには役に立たないからだ。むしろそうした人員の教育に時間を取られ、短期的には得意先へのサービス低下を招く危険性が高いだろう。

私は博報堂で18年間営業現場にいて、ほぼ全ての社内部門を見てきた。仕事の仕方は博報堂も電通も大して変わりはないから、人が足りないからといって頭数だけ揃えても役に立たない現実をよく知っている。

残業時間が多い激務の部局は、それだけ他社との競合が激しいか、制作部門なら優秀な人材が揃うゆえに仕事が集中していると考えられる。そうしたところに他部門からいきなり人員の頭数だけ補充してもすぐに役には立たず、古参部員のストレスが急激に上昇することになってしまう。

昨日まで営業にいた人間を、明日からコピーライターやデザイナー職に異動しても役に立たないことは誰でも想像できるだろう。もちろんそんなことは電通経営陣も百も承知だろうが、会社の存亡がかかる事態に、なりふり構わぬ措置を取らざるを得ないのだろう。しかしその措置が吉と出るか凶と出るかは、現時点では分からない。

「鬼十則」の功罪

「鬼十則」の社員手帳からの削除は、社外向けのパフォーマンスであると感じる。電通の社訓同然である「鬼十則」自体を否定した訳ではないし、内容については具体的言及がないからだ。この「鬼十則」は電通中興の祖と言われる故吉田秀雄氏が昭和26年に制定したものだが、仕事への取り組み方、あるべき姿勢を示したものとして今で

もビジネス書や自己啓発本などで盛んに紹介され、支持されている。改めてその内容を紹介すると、

1. 仕事は自ら創るべきで、与えられるべきでない。
2. 仕事とは、先手先手と働き掛けていくことで、受け身でやるものではない。
3. 大きな仕事と取り組め、小さな仕事はおのれを小さくする。
4. 難しい仕事を狙え、そしてこれを成し遂げるところに進歩がある。
5. 取り組んだら放すな、殺されても放すな、目的完遂までは……。
6. 周囲を引きずり回せ、引きずるのと引きずられるのとでは、永い間に天地のひらきができる。
7. 計画を持て、長期の計画を持っていれば、忍耐と工夫と、そして正しい努力と希望が生まれる。
8. 自信を持て、自信がないから君の仕事には、迫力も粘りも、そして厚味すらがない。
9. 頭は常に全回転、八方に気を配って、一分の隙もあってはならぬ、サービスと

はそのようなものだ。

10．摩擦を怖れるな、摩擦は進歩の母、積極の肥料だ、でないと君は卑屈未練になる。

というもので、5の「取り組んだら放すな、殺されても放すな、目的完遂までは……」以外は、現代のビジネス慣習としても十分通用する内容だと思われる。

但しこの5の「取り組んだら放すな、殺されても放すな」という部分が電通の苛烈な社内風土の原点とも言われ、高橋さんの弁護士も記者会見でこれを強く批判している。この「鬼十則」が発表された昭和26年といえば敗戦直後の痕跡がまだ色濃い時代であった。だからさすがにこの部分はもはや時代にそぐわなくなっていると感じる。しかし多くの電通社員にとってまさに精神的支柱でもあるから、いきなりそれを全否定するという訳にもいかないのだろう。今後の取り扱い方に注目だ。

そして前項最後の「360度評価制度」「有給休暇の50％取得」に関しては、電通という上意下達意識の徹底した組織でどこまで有効に機能するか、それこそ電通社員ですら懐疑的に感じていることだろう。

これらはまさに会社の本気度が試されるが、社長の首1つをすげ替えただけで、この混乱を引き起こした現経営陣がそのまま居座るのでは、多くの社員の支持を受けるのは難しいのではないか。

また、電通は労働局の強制捜査を受けた際にNHKのインタビューで「自浄能力がない」と発言した社員を懲戒処分にした。当時の石井社長は開かれた会社にして、広く社員の意見を求めたいなどと語っていたのに、最も素直な発言をした社員を罰したのだ。これでは社員の間に「正直に発言すれば馬鹿を見る」という警戒感しか生まないだろう。そうした土壌のままで真の改革など出来るはずもない。

官公庁による電通外しの開始

労働局の書類送検を受け、年が改まると幾つかの公共団体が電通の指名停止に動き出した。

２０１７年1月17日、ＪＲＡ（日本中央競馬会）が電通を16年12月29日から１ヶ月の業務指名停止処分にしたと発表、翌18日には滋賀県も３ヶ月の指名停止処分を発表した。遂に電通に対する行政上のペナルティーが顕在化し始めたのだ。

私は一連の電通事件の行き着く先は電通に対する官民企業・団体による指名停止処分にあり、最終的に東京五輪関係業務にどう影響するかが最大の焦点であると指摘し、あちこちのメディアで繰り返し書いてきた。

労務管理問題に限れば指名停止要件になっていない場合がほとんどだが、犯罪の内容に関わらず書類送検されれば指名停止処分を科す内規を持つ団体や行政が、いち早く動き出した格好だ。

17年1月19日には、厚労省が電通の全社員７０００人余の出退勤データを15年11月から16年10月の1年間にわたって捜査していると報道された。７０００人という全社員の膨大なデータを1年間という長期にわたって調べるのは極めて異例であり、さらなる書類送検に向けての捜査が続行していることが確認されたのだ。今後も送検される者が出る可能性は高く、捜査の進展によっては行政だけでなく、民間企業においても指名停止が考えられる状況になってきた。

まず1月17日、ＪＲＡ（日本中央競馬会）が電通に対し1ヶ月の業務指名停止を発表した。たった1ヶ月ではあるが、ＪＲＡは国が全額出資する特殊法人であり知名度も高いため、多くのメディアがこれを報じた。昨年の電通への発注額は約22億円と思ったよりも少ないが、ついに来るものが来たということで大きな話題になった。

さらに18日には、滋賀県も電通を３ヶ月間の指名停止処分にする予定であると発表。「滋賀県建設工事等入札参加停止基準」には「禁固刑以上の刑に当たる犯罪の容疑による書類送検」があり、該当すると３ヶ月の参加停止となる。今回はそれが適用されたのだが、実はここで五輪業務の裾野の広さを確認できる。

電通は滋賀県から、２０２０年東京五輪で参加国の選手と交流する「ホストタウン」の誘致事業を受注していた。この「ホストタウン」事業には現在既に全国１３８の県や市町が登録申請しているが、当然その全ての業務に電通が関わっている。

電通は五輪本体の実施業務を独占受注しているため、その関連であるホストタウンを含め、これから全国で行われる五輪本番までのあらゆる歓迎行事の実施をも独占的に受注できるのだ。

それほど五輪関連の業務は裾野が広く、しかも電通の一社独占なのである。だが裏を返せば、今後捜査の進展により、最低でもホストタウンに登録申請している138の県や市町村は、電通への対応を考慮しなければならなくなったということだ。

滋賀県はそれ以外にも、今年度の観光や近江牛などの特産品PR事業なども電通に発注しているので、3ヶ月の停止処分は県の事業への影響が避けられない。また、県庁が指名停止に踏み切れば、その傘下の市町村も対応を考えることになるから、裾野は広い。

これは全国の都道府県全てに共通するものだ。これらの動きを受け、五輪業務の発注元である東京都の関係者は「捜査の進展を注視している。現時点ではまだ書類送検なので何とも言えないが、地検が起訴すれば何らかの対応を取ることになるのではないか」

と語っているが、さてどうなるだろうか。

■ホストタウン（例）

（2016年12月9日現在）

都道府県	登録団体名	相手国・地域	計画の特色
北海道	網走市	オーストラリア	・国内ラグビーチーム合宿地のメッカ。小学生のタグラグビーも盛ん。ラグビートップリーグのチームも合宿に訪れており、所属するオーストラリア選手・スタッフとの縁を活かし、同国の7人制ラグビー代表の事前誘致に取り組む。 ・オーストラリアのパラレーサー（車いす陸上）チームと交渉できる環境にあり、事前合宿の誘致を進める。
	士別市	台湾	・「合宿の里」を掲げており、夏季五輪や世界陸上などで実績がある。 ・ウェイトリフティングでは、事前合宿や市出身のオリンピアンの存在など歴史と実績がある。また、強豪国の一つである台湾を事前合宿に誘致。
	名寄市	台湾	・2015年には名寄日台親善協会を設立し関係強化を進めている。また、Sport for Tomorrowの事業として、台湾とスポーツ交流を行っており、こうした縁を活かし、台湾の事前合宿誘致を進める。
青森県	弘前市	台湾	・日本代表監督をつとめた齋藤春香氏が、市の職員であることから、現役時代から交流のある台湾ソフトボールチームの事前合宿を進めた結果、2016年11月、台湾ソフトボール協会と基本協定を締結。
	今別町	モンゴル	・2016年3月26日開通の北海道新幹線沿線で、本州最北端の駅ができる。 ・町長自身も元国体のフェンシング選手であるなどフェンシングが盛んな土地柄。 ・2015年10月にモンゴルのフェンシングチームの事前合宿の受入れが決定。小中学校生とモンゴル選手との交流機会を設け、町の伝統芸能である「荒馬」を披露するなど両国の文化交流の促進を図る。
岩手県	盛岡市	カナダ	・新渡戸稲造博士の終焉の地であるビクトリア市とは、姉妹都市を提携し、多種多様なスポーツ交流を中心に30年以上交流を継続。2020大会の追加競技となったこと、また2016年の希望郷いわて国体での開催場所となったことから、スポーツクライミングを中心に事前合宿の誘致を行う。
宮城県	仙台市	イタリア	・2002年FIFAワールドカップサッカー大会の開催時に、イタリア代表の合宿を受け入れた縁を活かし、同国の事前合宿を誘致。 ・「慶長遣欧使節団出帆400周年事業」などの実績を活用しながらイタリア文化に関連する交流事業を行う。同国はヨーロッパで数少ない地震のある国であることから、防災に関するシンポジウムを開催する。
	蔵王町	パラオ	・第2次大戦後、パラオから多くの入植者を受入れ（このことにちなみ「北原尾（きたはらお）」という地名も存在）。 ・このような縁を活かし、パラオ共和国の事前合宿を誘致し、交流を深化させる。
秋田県	秋田県・大館市・仙北市・美郷町	タイ	・地元実業団チームと親交のあったタイのバドミントンチームとの交流。2020年に向け、相互に交流合宿を実施。
	秋田市・秋田県	フィジー	・秋田市を本拠地とする「秋田ノーザンブレッツラグビーフットボールクラブ」のフィジー人コーチとフィジー首相のラグビーを通じた親交があることをきっかけに、事前合宿を誘致。2016年11月、同国青年スポーツ省とスポーツ交流に関する基本協定書を締結。

（内閣府資料）

組織委、電通をわずか1ヶ月の発注停止処分に

東京都は五輪業務の発注元であるが、実は電通に発注されている額は現在まだ約10億程度で、決して大きなものではない。五輪業務はJOCと五輪組織委員会が直接電通と一社独占契約を結び、その間でカネのやり取りがなされているからだ。

つまり、一番大きなカネの流れはJOCと組織委が握っているのであり、そこが今回の問題を受けてコンプライアンスを発揮できるのか、という問題になる。しかし組織委は各省庁からの寄せ集めにすぎないので、電通からの出向組がいなければ全く仕事にならない。

その組織委は17年2月14日から僅か1ヶ月間、電通に対する新規案件の発注を停止した。「社会的影響の大きさから判断した」とのことだったが、電通からの出向組はそのまま勤務していたし、1ヶ月程度ではほとんど痛手にはならない。いわば早期のみそぎを図ろうとしたのだろう。

しかしこの五輪組織委のいい加減さは、開催費用算出のでたらめぶりを見れば明ら

かである。当初7000億程度と言っていた開催費用が2兆から3兆円に跳ね上がり、現在は精査の結果1兆4千億円規模に膨れ上がったのに、誰も謝罪もしなければ責任も取らない。エンブレム選定も電通が最初から佐野研二郎氏に決めようとしたが盗作騒ぎでひっくり返ったのは、まだ記憶に新しい。

さらに財務内容も非常に不透明であり、小池都知事は16年9月に組織委に対し、都の監理団体になるよう要請したが、森会長らの強い反対に遭い進展していない。このような不透明でいい加減な組織が3千億円以上にのぼるスポンサー料の管理を独占し、その運用を電通だけに任せている現状は極めて異常だ（第5章にて詳述）。

もし東京地検が電通に対し起訴などの処分を下した後、組織委が電通に対しさらなる受注停止などの措置を取らないようなら、国会などの場でその是非を議論し、問題のありかを国民に明らかにしていく必要がある。これこそが五輪・電通問題の本丸だからだ。

新たな火種――共同通信との金銭癒着が露呈

電通にとって悪夢のようだった労務管理問題がようやく下火となった２０１７年２月、突如新たな火種が火を吹いた。

早稲田大学ジャーナリズム研究所（所長・花田達朗教授）が運営する調査報道メディア「ワセダクロニクル」が電通の子会社、電通ＰＲと共同通信社（以下、共同）の癒着をスクープしたのだ。

共同は時事通信社と共に国内の様々な報道機関に国内外のニュースを配信する機関で、特に規模の小さい地方紙などは、国内政治や海外ニュースを全面的に依存している。

地方紙に掲載されている記事の末尾に「共同」「時事」と記名されている記事は全て両社による配信であり、地方紙は年間契約でそれらの記事を購入している。公にはされていないが、中には社説の執筆まで共同に依存している社さえある。そして「買われた記事」と題されたスクープは、電通ＰＲが20年以上にわたって共同の子会社であるKK共同の記者に金銭を提供して記事を書かせ、それを共同が全国の新聞社に配信していたという衝撃的な内容だった。しかもさらに問題なのは、記事内容が人の命に関わる医療についてということだった。

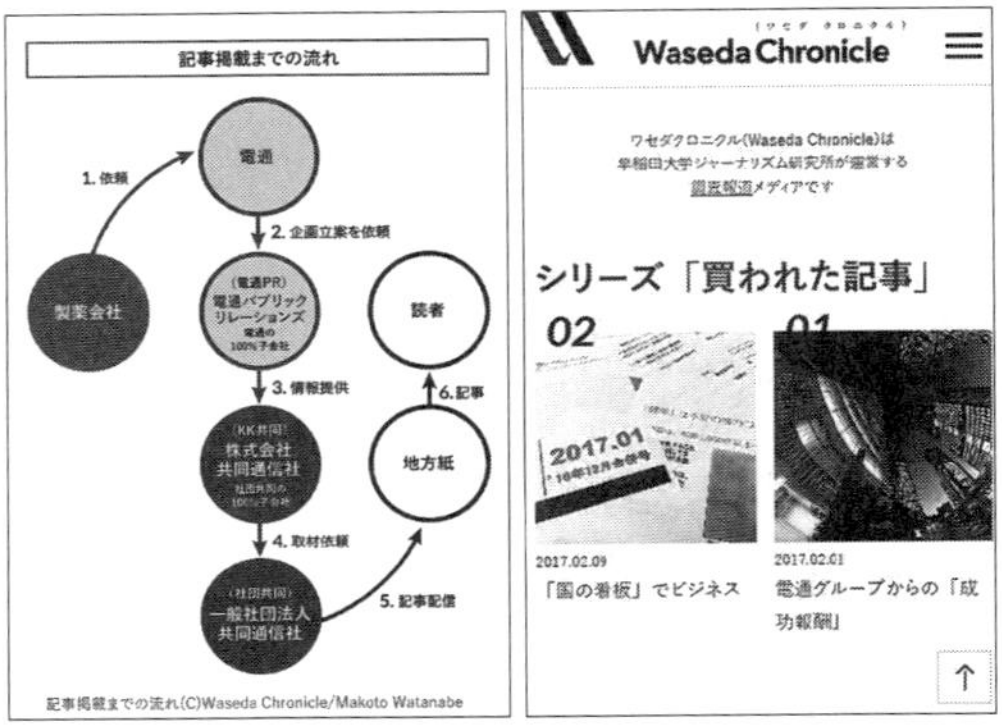

ワセダクロニクル　HPより

PR会社がカネを払って様々な告知や広告を売ること自体は問題ではない。それらには必ず「広告」という但し書きがつき、読者も広告だと理解してそれらに目を通すからだ。しかし、あらかじめ広告だと分かってしまうと多くの読者は読まずに素通りしてしまう。

だから、広告を作る側は広告と記事の垣根をできるだけ曖昧にし、一見記事のように見える広告作りに知恵を絞ってきた。新聞や雑誌上で広告と告知せず「特集」「タイアップ」などと表記されているのがその代表例だ。それでも、カネを払って報道記事そのものを書かせることは、読者を欺く禁じ手とされてきた。そのタブーを、電通ＰＲと共同は20年以上前から破っていたというのだから、衝撃は計り知れないものだった。報道されているのは今のところ医療系記事だけだが、他の共同の記事にそうした細工が施されている疑念を起こさせるに十分だからだ。

ワセダクロニクルの調査は当事者のインタビューを含め精緻を極め、反論を許さないものだ。１本の記事に対して電通ＰＲはスポンサーから３００万円で請け負い、そこから１７０万円余りを抜いて残りをＫＫ共同の記者に渡していたということまで明らかになっているが、そこまで報じられても共同は17年８月現在で全く反論できず（告発開始時には事実無根と抗議）、ひたすら沈黙している。

これは公平中立を旨とするはずの報道機関として絶対にあってはならないことであり、同社の存立を揺るがす深刻な事態だ。同社では労組が経営陣に対して真相究明を要請した結果、５月26日に開催された労使協議会で会社側が労組に対し、今後は「対価を伴う一般記事」の配信を廃止する、と約束した。つまり会社側は、過去に対価を伴う記事配信があったと認めたのだ。但しこの事実は外部に公表されていない（17年

8月現在)。

だがワセダクロニクルによる告発は続いており、いずれ経営陣の責任問題に発展すると思われる。

大スクープを報じない他メディアの弱腰

このワセダクロニクルによる一連の報道は驚天動地とも言える大スクープで、共同通信の存立を根底から脅かすような大スクープだが、奇怪なことに他のメディアはこれを全く報じていない。

2017年8月段階で、共同から記事を購入している地方紙は完全に沈黙している。さらに、朝日や読売のような大手メディアも共同からの配信を使用することがあるのに、このスクープを全く報じていないのだ。

ここでも、広告を依存する電通と記事を依存する共同に遠慮し、追及をためらうメディア業界の特殊性が垣間見える。穿った見方をすれば、ここで電通と共同を叩いても、後になってもし自分たちもその記事を載せていたことが分かれば面目丸つぶれになるのが怖くて、追及できないのかもしれない。しかしこれは、わが国の報道の根幹を揺るがす極めて重大な事態だ。問題の記事を掲載していた地方紙を中心としたメディアは、その事実に全く気づいていなかった「被害者」なのか。それとも、薄々気づいていながら知らぬ振りをしてパブ原稿を「記事」として掲載していた「共犯者」なのか。

気づいていなかったのなら報道機関としての能力を問われるし、逆に薄々知っていて掲載していたのなら、長年にわたって読者を欺いてきた「共犯者」「加害者」ということになる。どちらにせよ、報道機関としての能力と存立事由を問われる大変な問題なのだ。ローカル紙はきちんとこの問題と向き合い、検証してその結果を読者に告知するべきだろう。

究極の疑惑――共同通信の他の記事も電通に「買われて」いるのか

さらにこの一連の問題での究極の疑惑は、共同通信の他の記事も電通に「買われて」いるのではないか、という点だ。

20年以上にわたって稼働してきた電通による「記事を買うシステム」が医療系記事だけに限られてきた、と都合良く考える人はいないだろう。医療系記事でうまくいったのなら、食品系でもやっていたのではないか。あるいは家電や自動車、住宅や旅行関係の記事などでも、電通の意向を反映したパブ記事が書かれていたのではないか。医療系という非常に難しい分野で可能だったステルステクニックが、他の分野で使われていなかったと考える方が難しい。

もしそれが1つでも証明されれば、共同の全ての記事に対する信頼が一気に失墜し、同社の存立意義が大きく揺らぐだろう。さらに、時事通信社の配信記事は信頼出来るのか、全国紙の記事は問題ないのか……疑心暗鬼の連鎖は途方もないレベルで広がり、ただでさえ最近は信用が低下しているメディアの評価が決定的に崩壊する恐れさえある。そしてその疑惑の中心には、いつも電通が存在するのだ。
次項ではさらに電通の関与が噂される例を示そう。

さまぁーずの番組で自衛隊のステルスマーケティングを強行

ワセダクロニクルによって暴かれた「買われた記事」は、別の言葉で言い換えれば、高度なステルスマーケティングに他ならない。この手法は古くからあり、特に3・11以前の原発広告や原発礼賛記事で花盛りであった。提供社である電力会社や電事連の名前を隠し、あたかも掲載元の新聞社や雑誌の記者による記事のような「広告」が溢れていたのだ。

ローカルテレビ局ではそうした例が山のようにあるが、2015年7月6日にTX（テレビ東京）系列で放送された「ポンコツ&さまぁ～ず」という番組で、電通による番組介入でステルスマーケティングが疑われた事例があった。

この番組は、狩野英孝とアンジャッシュ児島が車の動力源になる油をもらいながら全国を旅して日本一周を目指す内容だが、7月6日の回ではゲストの壇蜜がなぜかいきなり近くの自衛隊駐屯地に行きたいと言い出し、「すぐ近くにあるんですよ」ということで京都の桂駐屯地を訪問。

簡単な訓練に参加したり、講堂に集まった隊員たちの前でコントをやるなどして和やかに過ごし、その場を去るという内容だった。つまり、体のいい自衛隊PR番組になっていたのだ。

しかしこの回はこの番組の定番であるガソリンまたは油を貰うシーンはなく（国民の税金で賄われている自衛隊のガソリンは番組のために提供出来ないため）、毎回見ていた視聴者からは、なぜ一行が突然自衛隊駐屯地に行ったのかと疑問視されても仕方ない案件として社内調査の対象となった。

前後関係を調べてみると、前月6月頃に電通から自衛隊パブ番組の企画打診があったが、局として断っていたことが判明。つまり、番組企画を断られた電通が「ポンコツ&さまぁ〜ず」の制作会社に直接依頼し、いきなり自衛隊駐屯地訪問を企画に入れたのでは、という疑念が生じた。制作会社は明言を避けたが、ゲスト出演の壇蜜はその年の自衛隊ＣＭにも出演していた。

この15年当時は安保法制で国会がもめており、政府としては自衛隊のイメージアップのために少しでも露出を増やしたい状況にあった。

そしてその自衛隊ＰＲを委託された電通は、ＴＸにパブ番組の制作を打診するが断られたため、局を無視して直接番組の制作会社にＰＲネタを仕込んだという図式が透けて見えた。

そうなると局としては直前での放映中止くらいしか対抗手段がなく、その場合の番組提供スポンサーへの説明が難しいため、内容に疑問があってもそのまま放映せざるを得ない。電通はそこまで見越して局をないがしろにすることがあり、こうしたやり口は全てのテレビ局で問題となっている。

電通という会社は、スポンサーが強力ならそこまでやるのだ。

厚労省捜査の終結

２０１７年4月25日、厚労省は法人としての電通と関西・中部・京都の３支社の社員３人を書類送検し、電通に対する捜査の終結を発表した。

だが本社労務担当役員が個別社員の長時間労働を認識していたと確認することは出来ず、書類送検を見送った。

厚労省は全社の若手社員を中心に出退社時刻やＰＣの使用時間、メールの送受信記録など膨大な個人データを調べたが、結果的に上層部の責任を問うことは出来なかった。

「上層部が部下の勤務状況を把握している証明が困難だった」

とのことだが、特に高橋さんのような新入社員は上司の指示によって長時間労働を余儀なくされるのであり、役員クラスであれば、自分の経験上からも社員の過酷な勤務状況を知っていたはずである。それを追及できないのでは一体何のための捜査だったのか、首を傾げざるを得ない。

労働基準法は違法な長時間労働の罰則として法人に対し30万円以下の罰金を定めているが、そんなものは電通にとって何らお咎めにはならない。

送検された社員たちは立件されたとしても執行猶予つきの軽い処分だろうし、電通をクビになることもないだろう。

その社員らにしても、上層部が誰も罪に問われない理不尽さから、自分たちは運悪く人身御供になった程度にしか思わないだろう。やはり、企業としての責任追及が最後の最後で甘くなった、と言わざるを得ない。

そして残念ながら、私が取材した限りでは、何人もの命を奪った集団としての罪を電通社員の一人ひとりが自戒しているという声は全く聞こえてこない。

嫌なことだが、その逆の話なら続々と聞こえてくる。だからこそ、電通が自己改革出来るとは到底思えない。

それでも、この章の最後に高橋さんのお母様の言葉を紹介し、電通社員全員がその胸に刻んで欲しいと願うのだ。

高橋まつりさんの母、幸美さんの言葉

会社と合意書調印にあたって

本日、会社（電通）との合意書調印に踏み切りました。

調印を決意した理由は、

娘が業務により亡くなったことについて、会社が責任を認め、謝罪したこと、

電通の社風・過重労働の象徴であった鬼十則を、会社が社員手帳から削除したこと、

娘が死ぬほど辛かった、死の原因となった深夜残業・休日出勤について、会社側はこれまで私的情報収集・自己啓発などと扱い業務として認めていなかったが、会社はこれを改め、サービス残業をなくすことを約束したこと、

会社が、深夜残業の原則禁止など、改革をすでに始めていること、

会社が、パワハラ防止のために全力を尽くすことを約束したこと、

会社が、業務の改善と改革の実施状況の報告を、今後、遺族側に定期的に行うことを約束したこと、

業務の改善と改革に向けて、役員・管理職が研修会を行い、遺族側の話を直接聞く場を設けることを約束したこと、
などです。
石井社長が昨年末（２０１６年末）に辞任の発表をされましたが、社長交代・役員交代が行われたとしても、二度と同じ悲劇を繰り返さないように、改革に向かってほしいと思います。
（ハフィントンポスト　２０１７年1月20日記事より抜粋）

電通　高橋まつりさん自殺事件に関する経緯

２０１５年12月25日　高橋まつりさんが自殺
16年９月30日　高橋さんの自殺を過労による労災と認定
10月14日　東京労働局、電通本社に立ち入り調査
11月７日　厚労省が電通本社と3支社に強制捜査
12月28日　厚労省、法人としての電通と高橋さんの元上司を書類送検

石井直社長（当時）が辞任表明

17年1月20日　電通、遺族に対し謝罪や再発防止策などについて合意した文書に調印

4月20日　厚労省が山本敏博社長を任意聴取

25日　厚労省が3支社の幹部らを書類送検、捜査終結

第5章

電通のためにある悪夢の巨大イベント

国民のほとんどが知らない巨大広告イベント「憲法改正国民投票」

2017年4月末で厚労省による捜査が終結し、今後はまだ裁判があるものの、最悪の状況は脱したとする空気が電通経営陣にはあるだろう。そして、その視線は早くも今後の重大イベントにおける稼ぎ方に向いているに違いない。

その視線の先には、当然ながら2020年の東京五輪があり、その前年にはラグビーW杯も控えている。その実施も電通が担当することになっており、プレ五輪的な意味合いもあって失敗は許されないから、金集めのために今後新たなスポンサー探しが本格化するだろう。

だが、誰もが知っているそれらのイベントの前に、もう1つ巨大な広告イベントが準備されつつあることを、国民のほとんどが知らない。それは、政府自民党が狙っている、憲法改正のための「国民投票」である。

この国民投票はまず国会発議のために衆参両院で3分の2以上の賛成が必要だ。そして、国民投票本番で総得票数の過半数の賛成を得たら、憲法改正となる。そのため、国会発議から投票までの期間に、賛成・反対両派による票獲得のための激烈な宣伝戦が繰り広げられる。イギリスのＥＵ離脱を問うた国民投票を思い出して頂ければイメージが湧くと思うが、あらゆるメディアを総動員しての宣伝合戦が繰り広げられることになるのだ。

現在改憲勢力は国会発議に必要な3分の2議席を保持しているが、次の衆院選ではその維持が難しいというのが与野党一致した見方だ。とすると、改憲を悲願とする安倍総理は、衆院任期の満期（２０１８年12月）までに国会発議しなければならない。つまり、18年〜19年までに国民投票を行う可能性が非常に高まっているのだ。

では、その宣伝合戦に一体どの程度のカネがかかるのか。

1つの目安として、衆参議員選挙期間（約2週間）に投入される広告費は約５００億円程度と言われている。これに対し国民投票における選挙期間は最低60日〜最長１８０日間とされて非常に長期にわたるので、その間に投入されるであろう広告費は衆参選挙の数倍、最大で千数百億円規模になると予想できる。

そして、改憲勢力の中心である自民党の広告を担うのは電通であるから、改憲派の広告宣伝を全て仕切ることになる。これは同社にとって東京五輪に次ぐほどの巨大な利潤をもたらすだろう。東京五輪と国民投票という超巨大なイベントが、電通の覇権をさらに磐石なものにしようとしているのだ。これは第6章で詳述する。

電通にオリンピックを担う資格はあるか

安倍首相は2016年1月10日の共同通信社によるインタビューで「(共謀罪を)成立させなければ、テロ対策で各国と連携する国際組織犯罪防止条約が締結されず2020年東京五輪・パラリンピックが開催できない」と語ったと報道されたが、さすがにこれには驚いた人が多かった。

なにせ安倍首相本人が13年の五輪誘致の際に「東京は世界で最も安全な都市です!」と大見得を切っていたのだし、その後も共謀罪の必要なんぞにはひと言も触れていなかったのだから、何を突然「共謀罪が成立しなければ開催できない」などと言うのか。

いくらなんでもご都合主義が過ぎるというものだろう。

この法案は過去3度も提出されたがその都度廃案になり、あの小泉元首相でさえ躊躇した「平成の治安維持法」だ。ひとたび成立を許せば、治安当局の拡大解釈で政府に反対する者は誰でも逮捕できるようになる危険性を秘めている。昭和の治安維持法も当初は共産党などの反政府組織を取り締まるためと導入されたが、後に警察や特高が拡大解釈して罪のない市民をも大量に獄に送る原動力となった。

同法案は17年6月15日、委員会採決をせずに本会議で強行採決して成立した。まともにやれば世論の厳しい反対に遭うと考えての安倍首相の「五輪抱き合わせ」発言だったが、五輪自体の予算膨張による不透明さ、不人気もあって、「ならば五輪なんてやめろ！」という声がネットを中心に急速に高まっている。そして、ここでまたもや登場してくるのが電通である。なにせ東京五輪とは、「電通の、電通による、電通のためのオリンピック」であるからだ。

電通は2020年東京五輪の全てを取り仕切っている。全てとは招致活動からロゴ選定、スポンサー獲得、現在放映されているテレビやラジオCMをはじめとする五輪

ＰＲ活動、そしてこれから開催までの３年間、全国で展開される五輪関係行事、さらには五輪本番の管理進行等、文字通り「全部」である。

そこに他の広告代理店は一切介在出来ず、とにかく全てが電通の一社独占なのだ。現在43社が決まっている東京五輪スポンサーも、全てが電通の一社独占契約である。これが何を意味するかというと、五輪マークがついているＣＭや広告、関連グッズには全て電通が介在し、その利益も全て電通に集中するということだ。これは極めて異常な状況で、過去の開催国でこうした例はない。まさしく「五輪の私物化」と言えるような状況である。

スポンサーの数も異常だ。リオやロンドン五輪のスポンサーは一業種一社という取り決めがあり、全部で13～15社程度だった。

しかし東京五輪が決まると、電通はＩＯＣに働きかけて一業種一社制を葬り、何社でもスポンサーになれるようにした。その結果が異様なほどのスポンサー企業の膨張である。

２０１７年8月現在、15社が決まっているゴールドパートナーカテゴリーは5年間で1社150億円、28社が決定しているオフィシャルパートナーは同じく60億円をスポンサー料として支払うと言われているから、組織委と電通は五輪3年前の段階（17年）で既に約3930億円を集める算段が出来たと言える。そしてもし電通の契約手数料が日頃行われている他の業務と同じ程度なら、スポンサー料のうち約20％が電通の取り分になると思われ、なんとそれだけで約786億円あまりの収益があがることになるのだ（スポンサー契約に関する電通のマージン率について組織委に質問状を送ったが、守秘義務を理由に非開示）。

だがJOCと電通はこれに満足せず、現在のゴールド及びオフィシャルパートナーの下にもう1つのカテゴリー（オフィシャルサポーター）を増やし、さらに企業を集めようとしている。今でさえ五輪スポンサーを謳うCMの多さに辟易しているのに、これから先は五輪開催までひたすら同じようなCMばかりが氾濫するようになる。もはやこれは悪夢としか言いようがない。

しかし、国によって「ブラック企業」と認定された企業が、このように公平な競争や監視のないままで五輪を私物化している状況は明らかに異常だ。果たして現在の電通に五輪業務を担当する資格があるだろうか。

潤沢な資金を留保してボランティアをただ働き?

さらに電通と五輪組織委はこれだけのカネを集めながら、大会運営に必要な9万人以上と言われるボランティアを、全てタダで起用しようとしている。

ボランティアというと日本では善意の無償奉仕という印象が強いが、元々の語源は「志願」または「志願兵」という意味であり、決して無料奉仕を指すものではない。

16年7月、組織委が「1日8時間、10日間以上できる」「採用面接や3段階の研修を受けられる」「外国語が話せる」「競技の知識があるか、観戦経験がある」などのボランティア要件を発表したが、あまりに要求が高いのに無償奉仕が前提なため、ネット上では「ブラックすぎる」などと総批判を浴びた。

組織委は慌てて「まだ素案の段階」などと釈明したが、これが彼らの本音であるこ

とは間違いない。事実、その後16年12月に発表した「東京２０２０大会に向けたボランティア戦略」では、

・10日以上できる方
・オリンピック・パラリンピック競技に関する基本的な知識がある方
・スポーツボランティア経験をはじめとするボランティア経験がある方
・英語やその他言語のスキルを活かしたい方

等を募集要件とすることを発表している。

「1日8時間」を外した以外は表現を曖昧にして誤魔化しているにすぎない。灼熱の暑さとなる7月から8月の時期に、交通費も日当も支給せず、さらにもし熱中症で倒れても保険すらなく自己責任で済ませようなどと、それこそ善意を食い物にする詐欺行為に他ならない。そしてその現場を法令違反企業の烙印を押された電通が取り仕切り、開催のためには共謀罪が必要だなどと、まさに国家を挙げてのブラックジョークではないか。

組織委と電通の怪しい「数字操作」

２０１７年1月25日、東京五輪組織委の武藤敏郎事務総長が、大会ボランティアの募集を競技会場がある地方自治体にも協力要請する考えを示した。多くの会場が都外に移転した（自転車のトラック競技は静岡県伊豆市、サーフィンは千葉県一宮町、野球は福島県等）ため、組織委で募集する大会ボランティア約８万人と、都が募集する都市ボランティア約1万人の枠組みだけでは対応し切れないとの理由なのだが、分かっていたこととはいえ、いよいよ「オリンピックをダシにした、ただ働きボランティア集め」が地方にまで波及してきた感じだ。

組織委は２０１６年12月の段階で、五輪総運営経費を１・６～１・８兆円と発表した。都の検証委は3兆円の可能性もあるとしたが、その後様々な削減を行い、17年5月31日に1兆３８５０億円（組織委・都が６０００億ずつ、国が１５００億、３５０億は他県と分担）とすることで組織委・都・国の間で合意が成立した。

それとて、立候補時当初予想８２９９億円（競技場運営費・大会運営費用３４１２

億円、競技場や選手村の建設費・セキュリティー及び医療施設、通信インフラ整備費用4887億円の合算）の1・5倍以上の数字であり、恐らく大会が迫れば火事場泥棒的に様々な経費が投入されて大幅膨張するに決まっている、信用などとても出来ないシロモノだ。

では支出を約1・4兆円としたのに対し、収入はどうなのか。組織委はスポンサー契約料やチケット売り上げで約5000億の売り上げを見込むと発表していたが、17年5月16日に突如として組織委の負担を当初よりも1000億プラスして6000億とし、しかもそのうち5500億は既にスポンサーシップでカバー出来る予定と発表した。

それまで5000億しか負担できないと言っていた組織が、突如として1000億の上積みを発表したのだから、普通の企業ならその根拠が大問題になるはずだ。しかし、自らが五輪スポンサーになっている朝日・読売・毎日・日経の全国紙は、どこもその不自然さを追及せず、組織委の発表をそのまま報じた。

だが、これはどうみてもおかしい。組織委のホームページにある「大会運営に関する収入の割合（２０１３年）」（次ページ参照）によれば、大会運営費全体のうち、ローカルスポンサーシップ収入を27％、チケット売上を23％としている。これを招致当初の予想金額に換算すると、予想運営費用は３４１２億だからスポンサーシップ（27％）は９２１億円、チケット売上（23％）は７８４億円で運営出来ると計算していた。

だが、16年12月の組織委発表では、運営費明細を以下のように発表した。

・ＩＯＣ負担金　８５０億円　（17％）
・ＴＯＰスポンサー　３６０億円　（７・２％）
・国内スポンサー　２５００億円　（50％）
・ライセンシング　１４０億円　（２・８％）
・チケット売上　８２０億円　（16・４％）
・その他　３３０億円　（６・６％）
計５０００億円

この時点で全体予算が約１５００億追加で合計５０００億円になっていたのだが、怪しいのがこの内訳の割合だ。

■オリンピック運営費の内訳

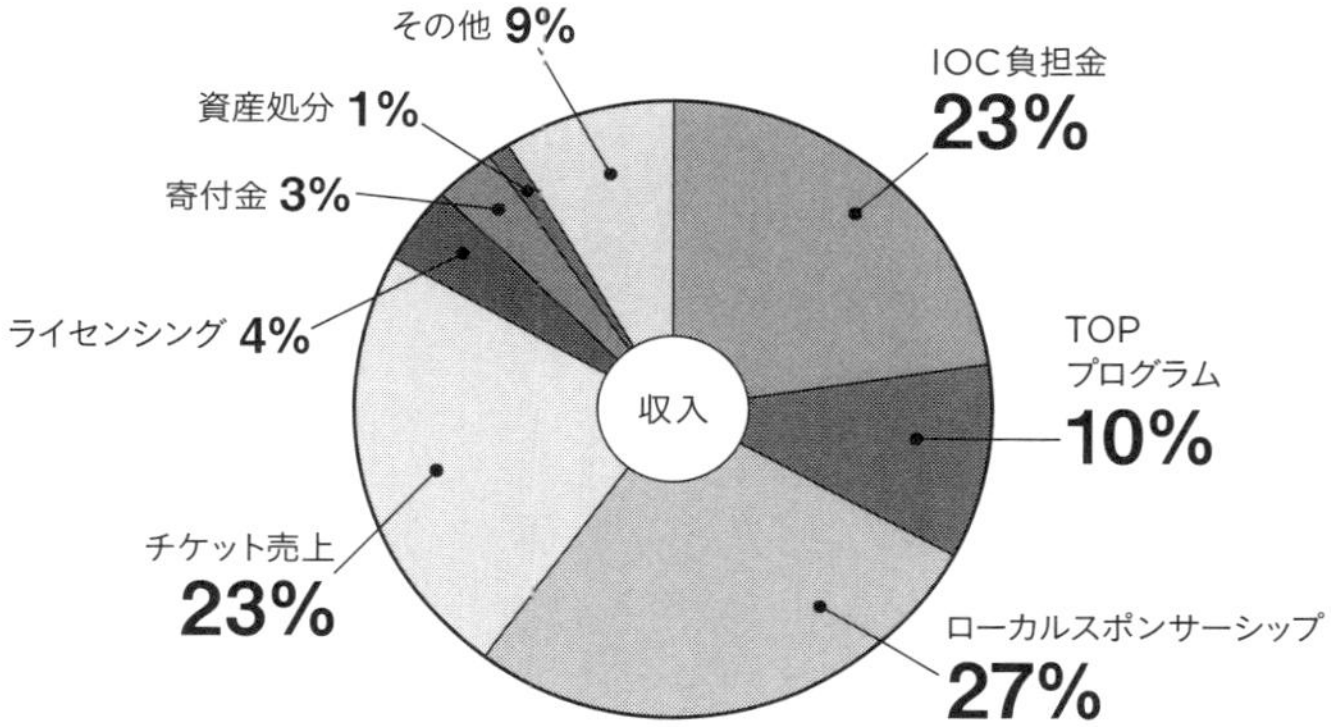

立候補時、総費用を約3400億円、スポンサーシップは約920億円と計算

大会運営に関連する収入の割合　立候補ファイル（2013）より抜粋・編集
https://tokyo2020.jp/jp/organising-committee/marketing/

前述の「大会運営に関する収入の割合」では、ＩＯＣの負担は23％（１５０億）だったはずなのに、17％に減っている。また、ＴＯＰスポンサープログラムも10％（５００億）が３６０億に減っている。というよりも、国内スポンサーだけが倍近い数字になったのに、他の項目は全て当初割合よりも下がっているのは不自然だ。

百歩譲って、ＩＯＣとＴＯＰスポンサーからの負担金が13年の当初予定割合のままなら全体金額の増大で割合が下がるとしても、ライセンシングやチケット売上の割合が下がるのは理解出来ない。スポンサー企業数が史上最高ならライセンシングも当然上昇するはずであるし、チケット売上予想も下げる理由はないはずだ。

つまりこの時点で、本来なら4％で計算するべきライセンシーを2・8％、23％で計算すべきチケット売上を16・4％、その他9％を6・6％と過少に計算し、収入を少なくとも510億円以上、過少に見立てていたのではないか。だとすれば、5月31日になって組織委の負担金額をいきなり6000億とし、そのうち5500億は既に見込みがついているという発表は、金額的にぴったりだ。

ようするに、16年12月に発表された数字は、予想された支出額の5000億円にスポンサー費3870億円（16年中のスポンサー42社で計算）とすべきところを2500億円と過少申告し、その他の項目を辻褄合わせしただけではないかと考えられるのだ。

では仮に、5月31日に組織委が発表した6000億円を基準に割合数字をあてはめるとどうなるか。スポンサー金額は43社分（17年7月現在）の予想値とし、その他の割合は16年12月と同じとした。

・ＩＯＣ負担金　１０２０億円　（17％）
・ＴＯＰスポンサー　４３２億円　（７・２％）
・国内スポンサー　３９３０億円
・ライセンシング　１６８億円　（２・８％）
・チケット売上　９８４億円　（16・４％）
・その他　３９６億円　（６・６％）

合計で６９３０億円となり、確かに組織委が新たに打ち出した６０００億円を補ってまだおつりが来る。恐らく、この数字が真実に近いと思われる。

いくら国内スポンサーシップの割合が上がっても、だからといって他の項目が下がる理由はない。むしろライセンシングやチケット売上は、これでも少なめの割合で計算している。つまり、組織委はまだまだその財布の中にカネを隠しているのではないか。さらにいえば、組織委と電通は現在の「ゴールドパートナー」と「オフィシャルパートナー」の下にもう１つ「オフィシャルサポーター」というカテゴリーを作って新たなスポンサー獲得を目論んでおり、スポンサー契約料はさらに増える見込みなのだ。

もし、前述の検討を「招致活動時の数字などあげつらっても意味がない」などと言うのなら、逆にあの数字の積算根拠はなんだったのか、ということになる。

以上のように、主に国内スポンサーの協賛金増加で組織委は当初予想を遙かに上回る資金を集めているはずだ。

それなのに「カネが足りない」などと言って東京都や国に財政支出を要請している。それは、彼らが今回集めたカネを全部東京五輪で使い切る気がないからだ。将来のアスリート養成のためだとか理由をつけて、相当な金額を内部留保やＩＯＣへの余剰金拠出に回す気なのだろう。

ここで最大の問題は、それだけのカネを集めておきながら、ＪＯＣは財団法人のためその財務内容詳細を明らかにする義務がないと主張していることだ。どのような支出がなされているのかが不透明な点は都の検証委でも問題となり、小池知事は組織委を都の監理下に置こうとしたが、森元首相の抵抗にあって実現していない。また私は

■東京五輪スポンサー一覧

（2017年6月現在）

東京2020オリンピックゴールドパートナー

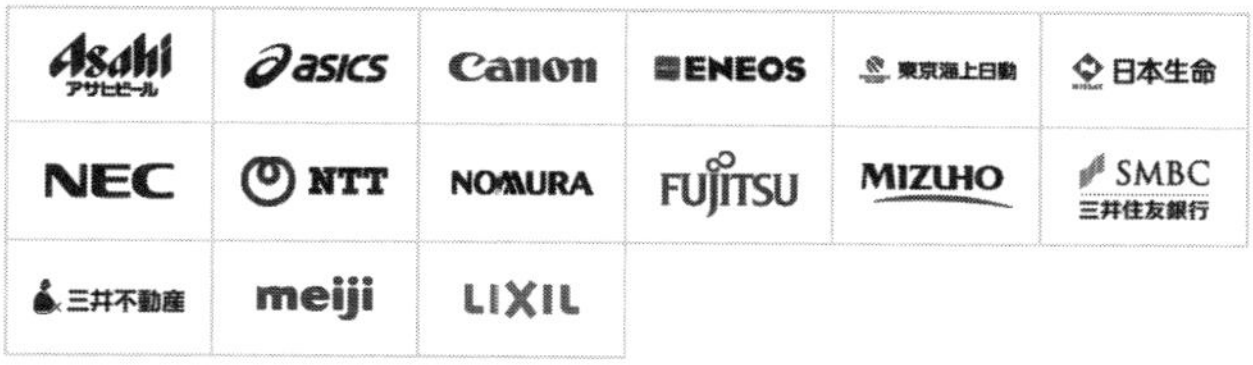

ゴールドパートナー（1社150億円）×15社＝2250億円

東京2020オリンピックオフィシャルパートナー

オフィシャルパートナー（1社60億円）×28社＝1680億円

17年6月、文書で組織委の総収入額とスポンサーシップ収入額の開示を求めたが、開示義務はないとして拒否された。

しかし、カネがないと言いながら、組織委は虎ノ門ヒルズという超一等地に新しい事務所を持ち、年間7億円以上もの賃貸料を支払っている。会議をするなら都庁内または都庁近くの方が便利なのに、わざわざ新築で賃料の高い森ビルに移ったのだ。このあたりに、JOCの金銭感覚の異常さ、「オリンピック貴族」ぶりが如実に表れている。

ちなみにこの貴族たちは理事28人、役員と評議員合わせて42人もいる。さらに参与が11人、顧問会議はなんと177人という大所帯だ（2017年当時）。さらに

・街づくり・持続可能性委員会
・文化・教育委員会
・経済・テクノロジー委員会
・メディア委員会
・仮設会場整備のアドバイザリー委員会
・テクノロジー諮問委員会
・ブランドアドバイザリーグループ

などの委員会まであり、彼らに支払われる日当や交通費、会議費などの経費も巨額なのに、それを削減しようなどとは思わないらしい。

（ＪＯＣと五輪組織委の人数）

ＪＯＣ役員　29人

　評議員　60人

組織委役員　8人

　理事　28人

　評議員　6人

　　合計42人

参与　11人

顧問会議　177人

アスリート委員会　21人

組織委と電通はボランティアを有償にせよ

そうした自浄能力に欠けた組織と電通が、10万人規模のボランティアをタダでこき使おうと画策しているのだ。

２０１６年12月、組織委は、「東京２０２０大会に向けたボランティア戦略」なる文書でボランティア募集に関する基本姿勢を発表している。

その中で、ボランティア募集の要件を、

・10日以上参加できる方

・オリンピック・パラリンピック競技に関する基本的な知識がある方

・スポーツボランティア経験をはじめとするボランティア経験がある方

・英語やその他言語のスキルを活かしたい方

等とし、費用に関しては、

「大会ボランティア・都市ボランティア共に無償での活動となり、原則として、東京までの交通費を負担して頂くことと、宿泊場所の確保にあたっては自己手配をお願い

■大会ボランティアの活動内容

種類	活動内容（例）
会場内誘導・案内	会場内で観客及び大会関係者の誘導、チケットチェック、入場管理のサポート等を行う。
ドーピング検査	競技を終えた選手に対してドーピング検査員が検査を実施するためのサポートを行う。
ドライバー	大会関係者が会場間を車で移動する際の運転業務を行う。
スタッフ受付	会場におけるスタッフの受付業務。専用IDから照会したシフトの確認や必要事項の伝達を行う。
ユニフォーム配付	ユニフォーム配付施設においてスタッフ（ボランティアほか）のユニフォーム配付を行う。
メディア対応 サポート	会場やプレスセンターなどで 大会を取材する日本やその他各国メディアの取材活動をサポートする。
言語サービス	選手、メディア、海外要人などの大会関係者に対して外国語でのコミュニケーションサポートなどを提供する。
選手団サポート	各国から訪れる選手団に対すサポートを行う。選手団が選手村に入村する前から準備を行い、選手が快適な競技生活を送ることができようにサポートする。
物流サポート	競技会場や選手村などに運び込まれる物品の管理や整理をサポートする。
物品貸し出しサポート	選手村やメディアセンターにおいて各国から来る選手団やメディア、その他関係者が利用する物品の貸し出しサービスをサポートする。
持続可能性活動サポート	各会場等の持続可能性への配慮を実現するため、選手、観客等にゴミの分別方法を案内するなどのサポートを行う。
ID発行サポート	事前に登録された情報を基に、大会関係者が保有するIDの発行業務を行う。
競技運営サポート	競技エリアや練習会場において、競技役員などの指示のもと、競技の進行補助やアスリートのサポートなど競技運営の補助業務を行う。
医療サポート	観客や関係者などに急病人やけが人が出た場合にすばやく対応するための「ファーストレスポンダー」としての役割を担う。

「東京2020大会に向けたボランティア戦略」より

することになるが、宿泊に関する情報提供について検討する」

とある。

はなから有給にしようとは全く考えていないのだ。だが２０１６年７月にこの前段階の素案が発表された際には、

「こんなハイスペックな人材をタダで使おうというのか？」

「通訳能力までタダで提供しろというのか？」

などと組織委に非難が殺到した。

こちら特

東京五輪　ボランティア考

「善意」頼りすぎ？

激務…でも旅費・宿泊費など自己負担

ボランティア問題を伝える東京新聞「こちら特報部」（東京新聞2015年11月24日）

その時は「まだ素案の段階」として誤魔化したのだが、結局ほとんど何も変更せず、語学部分を曖昧にして、16年12月に正式案として出してきたのだ。

その騒ぎの際、京都大学の西山教行教授は東京新聞への投稿で、

「通訳はボランティアが妥当との見解は外国

語学習への無理解を示すばかりか、通訳や翻訳業の否定にも結びつきかねない」
「街角での道案内ならさておき、五輪の管理運営業務に関わる翻訳や通訳をボランティアでまかなうことは、組織委員会が高度な外国語能力をまったく重視していないことの表れである」

と痛烈に批判している。

西山教授が見抜いた通り、組織委は語学能力を重視していないどころではない。自らは高給を貰いながら、あらゆる人々の能力や善意を利用し、タダで使おうとしているのだ。

ちなみに16年のリオ五輪では、無給と有給ボランティアの両方があったが、過酷な待遇に耐えかねて多くの無給ボランティアが職場を放棄し、現場が混乱したことが報道されている。責任感が異常に強い日本のボランティアが無給にも関わらず炎天下で無理を重ね、体調を崩して倒れても自己責任にされてしまうことだけは、絶対に阻止しなければならない。

「ボランティア」とは「無償」という意味ではない

そもそも、戦後間もなくの五輪はカネがなかった。五輪とは国が主体的に開催するものでありその資金には限りがあるから、無償のボランティアを募りサポートしてもらう必要があった。

ちなみに「ボランティア」の語源はフランス語の「志願兵」であり、自ら志願することを意味してはいるが、無償という意味ではない。日本ではボランティアというとほぼ無償活動と受け取られるが、それは間違っている。

だが、1984年のロス・オリンピックを境に、五輪は完全に変わった。それまでのアマチュアの祭典からプロの参加が可能となり、それに伴い禁じられていた企業スポンサーが解禁され、企業ロゴを全面に押し出すようになった。これによりIOC（国際オリンピック委員会）は巨万の富を手中にし、世界各国で五輪誘致合戦が展開されるようになった。

「ワールドワイドパートナー」と名づけられたグローバル企業がもたらす巨額のスポ

ンサー料がＩＯＣの腐敗を招き、東京を含めたいくつもの五輪招致で、票の買収が疑われている。

周到な「五輪万歳」プロパガンダにより、五輪は今もアマチュアの雰囲気を残したアスリートたちの祭典のようにＰＲされているが、実体はもはやただの商業イベントであり、その運営は巨額のスポンサー料で賄われている。その中核を担う組織委、ＪＯＣ、電通などの運営陣は全て超高額の有給スタッフたちであり、あまりの厚遇ぶりに、「オリンピック貴族」とも呼ばれる有様だ。

その彼らは酷暑の五輪開催中もクーラーの利いた快適な部屋で中継を見ながら談笑し、会場間の移動もハイヤーでどこでもフリーパス、炎天下の行列に並ぶこともない。現場で働くボランティアが地獄のような炎天下で倒れても、知ったことではないのだ。それなのに、消耗度が激しい現場ボランティアが全員無償というのは、どう考えてもおかしいではないか。

繰り返すが「五輪ボランティアは無給」などという決まりは一切ない。これは無給で働かせたい運営側が流す悪質なデマであって、多くの善良な人々は騙されているのだ。

私は組織委と東京都オリパラ準備局に、なぜボランティアは無償を前提にしているのかという質問状を送った。すると両方とも、「感動を共有できる貴重な体験である」「大事なパートナーとして大会を盛り上げていきたい」などと、ボランティア募集ページにあるような常套句を書き連ねてきた。

そこで、都準備局の広報担当と電話で話す機会があったので直接、「スポンサーからの協賛金があるのに、なぜボランティアは無償なのか」と尋ねると、「だってボランティアは無償という意味ですから」という珍回答が返ってきたので、「ボランティアという言葉は「志願」「志願兵」という意味であって、「無償」「タダ」ではないと説明したところ、広報担当は「えっ」と絶句してしばらく黙ってしまった。

ボランティアを集める側の認識が根本から間違っていて、本人たちにもその認識がないことがはっきりしたのだ。

五輪までまだ3年もある段階で、既にスポンサー43社から集めた3900億円以上の巨額資金があるのだから、無給ボランティアを使う必要はなく、全て有給とすべきである。

だがさらに驚くべきことに、組織委は「東京大会2020ボランティア戦略」で「ラグビーワールドカップ2019との連携」と題して、

「東京2020大会に向けた都市ボランティアの募集を一部前倒しして行い、ラグビーワールドカップ2019でも活用し、その経験を翌年の東京2020大会へと繋げていく」

と記している。

つまり東京五輪の前年に開催される「ラグビーワールドカップ」を五輪本番前の練習と想定し、ここでも無償ボランティアにしてしまおうとしているのだ。だがラグビーワールドカップこそ完全な「商業イベント」でありオリンピックとは開催目的が全く異なる。それに関連するあらゆる仕事は、当然有償アルバイトを雇うべきであり、五輪前年だからといって無償ボランティアにやらせようなどとは、まるで火事場泥棒のような厚かましさではないか。ちなみに、そのラグビーワールドカップも、電通の一社独占興行である。ここでもまた、組織委と電通の癒着ぶりがはっきり見える。

もちろん、世の中には五輪ボランティアを生き甲斐にして世界を回る人もいるから、それはそれで構わない。

しかし、東京五輪に必要な人員はケタが全く違う。組織委が必要とする9万人を集めるためには、感動を押し売りし、善良な人々の奉仕精神を利用しなければとても集められる数字ではない。しかも、それを無償でやらせようとするのは明らかに「感動詐欺」「やる気詐欺」とも言うべきだ。

ボランティアボイコット、3万3千リツイートの衝撃

17年5月、五輪組織委の武田会長が、東京以外の競技実施県でもそれぞれボランティアが必要なので集めて欲しい、というような発言が報道された。

そこで、かねてから無償ボランティア募集に反対していた私は、自分のツイッターアカウントで、

「いま外国語を学んでいる学生諸君へ。これから東京オリンピック通訳ボランティアの勧誘が始まりますが、絶対に応じてはいけません。なぜなら、ＪＯＣには莫大なカネがあるのにそれを使わず、皆さんの貴重な時間・知識・体力をタダで使い倒そうとしているからです。「感動詐欺」にくれぐれもご注意を」

というツイートを発信した。特に通訳ボランティアを意識しての内容だったが、驚くべきことにこれが僅か1週間程度で1万9千リツイートを超えたのだ。これは、私のような無名人のツイートとしては異例の数字だ。

通常、ツイッターで万単位のリツイートがあるのは、タレントや有名人の呟きや緊急ニュース、動物の面白画像などが中心で、固い内容は非常に少ない。この数のリツイートによるインプレッション（ユーザーがこのツイートを見た回数）は189万回にものぼるから、リツイートしなくても文面を見たユーザーは、さらに相当数いたということだ。

リツイートした人のアカウントをざっとみたところ、多くの学生が含まれていた。3年後にボランティアの主軸となることを期待される、多くの高校生や大学生が敏感に反応したのだろう。

また、上記ツイートの次に、教職員向けに以下のツイートをした。学生の動向に絶大な影響力を持つ教職員の方々にも問題提議したかったからで、こちらも17年5月末段階で3400リツイート以上されている。最初のツイートには及ばないが、こちらも相当な数だ。

「全国の教育者の皆様へ。今後、東京五輪に向けたボランティア動員が全国の学校で始まります。しかし、スポンサー企業が42社も決定している五輪は完全な商業イベントであり、無償で支える意義など一切ありません。一部企業の利益のために、大事な教え子が搾取に遭わないよう、ご高配をお願い致します」

さらに6月1日、

「再度言おう。全ての学生諸君は東京五輪のボランティア参加をやめましょう。なぜなら五輪はただの巨大商業イベントで、現在42社ものスポンサーから4000億円以上集めており、無償ボラなんて全く必要ないから。あなたがタダボラすれば、その汗と努力は全てJOCと電通の儲けになる。バカらしいよ」

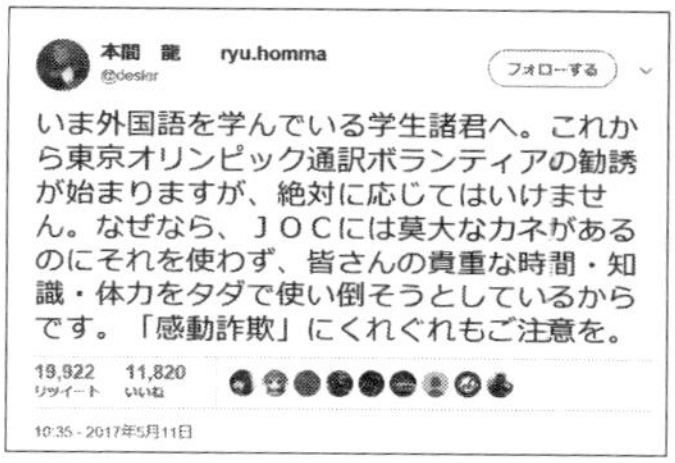

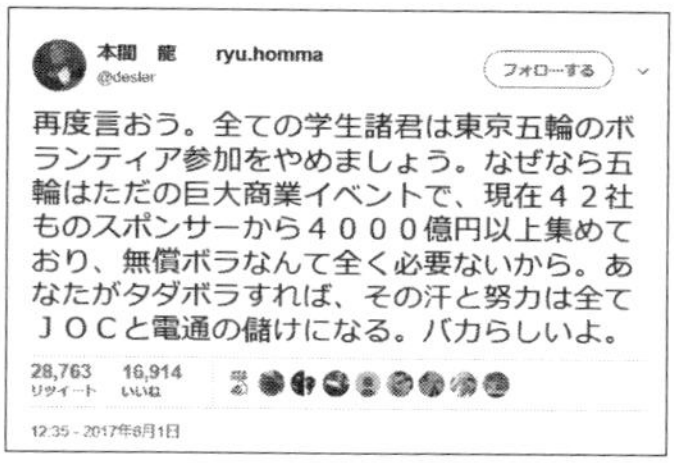

とのツイートはなんと2万8千リツイートを記録（17年8月末で3万3千リツイート）。

前述の1万9千をあっさりと超えてしまったのだ。これはやはり、非常に多くの人々がこの問題を注視している表れだろう。なんとなく疑問に思っていても、大手メディアでは一切報道されないから、無名の私のツイートに大きな反響が起きるのではないだろうか。

反論ツイートへの見解

リツイートの数が上昇するにつれ、疑問を呈するツイートも複数現れた。いわく、

「学生の純粋な気持ちを妨害するな」

「本人がやりたければ構わないではないか」

「ボランティアとは無償労働を指すのが当たり前ではないか」

という内容のものだ。

これに対して、私はできるだけ丁寧に対応した。学生がオリンピックという特殊な場で人の役に立ちたい、海外からの観光客をもてなしたいというその心意気は尊いし、私もその心意気は全く否定しないからだ。

しかし、その裏にＪＯＣ（組織委）と電通だけが儲かる「搾取のシステム」があることを知っているのか。東京の灼熱の暑さの下、無給で働き、もし熱中症などで倒れても、全て自己責任扱いされてしまうことを分かっているのか、と返信した。

小中学生ならともかく、大学生にもなればそうした仕組みを知った上で行動して欲しいと思ったからだ。

また中には、オリンピックボランティアを就活の手段として捉え、スポンサー企業との接点になればいいという投稿もあった。

しかし、これも世の仕組みを知らない学生らしい甘さだ。10万人近いボランティアがいれば、そこにはもはや何の希少価値もない。特別な高レベルの通訳担当でもない限り、会期中10日間程度の道路案内や駐車場誘導係をしたからといって、そんなものが就活での他者との差別化要因になるはずがない、と説明した。それでもその年の就活にはその手の経験談を吹聴する学生が溢れるだろうと思うが、企業の方も大迷惑だろう。

そのような解説を繰り返すうち、反論ツイートはほぼなくなり、同意を示すリツイートや賛同意見をつけたツイートが増加していった。その中には長野オリンピックの極寒現場で一日中働かされ、それがトラウマとなってスキーをしなくなったという訴えもあった。しかし、このままでいけば3年後、今度は酷暑の東京で、同様のことが遙かに大きなスケールで展開されようとしているのだ。

だが「搾取システム」の実態を知れば、それを承知で搾取される人は激減するだろう。東京五輪は巨額の税金を投入している準公益事業であり、組織委はスポンサー収入を含めた全収入を明らかにする義務がある。それをしないで無償ボランティアを集めるなど許されるはずがない。

ボランティア募集は２０１８年の夏頃から始まる予定だが、この問題については今後もあらゆる場で追及し、警鐘を鳴らしていく。

第6章

電通を解体せよ

憲法改正国民投票における電通の役割と危険性

東京オリンピックは国民周知の事業だが、電通が関与し、ひょっとすると東京オリンピックよりも早く実施される超巨大イベントが憲法改正国民投票であることは第5章の冒頭で述べた。

安倍首相が執念を燃やす憲法改正のためには、衆参両院の3分の2議席以上の賛成で議決する国会発議をした後、国民に直接その是非を問う国民投票を行わなければならない。国民のほとんどが認識していないが、与党が3分の2議席を有している今が、実は国民投票実施の可能性が一番高まっているのだ。

2017年2月13日、参院議員会館で「国民投票のルール改善を考え求める会」の集会が開かれた。長きにわたり、世界各国の国民投票を取材されてきたジャーナリストの今井一氏が主催する会で、私も出席して意見を述べた。

法改正を求める、などというと何だか難しいことをやっているようだが、このままの国民投票法で投票を実施すると、あまりに不公平なことになるから法改正すべきだという提案で、要求は実にシンプルだ。

国民投票法は２００７年に制定された法律で、その実施は細かく規定されている。現状では、護憲派はまだ機が熟していないとして憲法審査会での引き延ばしを図っているが、実際は国会発議に必要な衆参での３分の２以上の議席を与党（改憲派）が握っているのだから、現実的に言えば、明日国会発議があっても通ってしまう状況にある。

秘密保護法もカジノ法案も野党は絶対阻止と言っていたが、難なく成立した。与党が絶対多数を握っていれば、たいていの法案は通ってしまう。つまり、与党がその気になれば、同様に国会発議まではすぐにでもやれてしまうのだ。

そして、現行の国民投票法最大の問題点は、国民投票運動期間における広告宣伝に関して、「投票日から14日以内のテレビＣＭ放映禁止」以外は、ほぼ何の制約もないことにある。

広告宣伝に投入できる資金上限の縛りすらない。つまり、カネのある方は期間中無制限に広告宣伝を打てるのに対し、そうでない方はメディアで何も主張できないことになる。

もう少し具体的にいうと、国民投票が国会で発議されると、そこから最低60日、最長180日間の「投票運動期間」となる。衆参の選挙運動期間が約2週間なのに対し、かなり長い。そしてこの運動期間中、賛成・反対派共に、あらゆるメディアで無制限に広告を展開できることになっているのだ。

ちなみに、衆参の選挙でメディアに投入される宣伝費は500億円程度（選挙公営からの拠出の他、各政党独自の広告費を含む）であるから、少なく見てもその数倍のカネが投入されることになるだろう。これはデンパクをはじめとする広告代理店とあらゆるメディアにとって、巨額の臨時収入が見込める一大イベントである。

このように書くと、改憲派・護憲派双方が自由に宣伝合戦できるならいいではないか、と錯覚しがちだが、ことはそんなに単純ではない。なぜなら、予想される国民投票は与党（改憲派）が主導し、好きなようにスケジュールを組み立てられるからだ。つまり、広告宣伝における「メディア戦略」を早くから構想し、自分たちに一番都合の良いように展開できるのは、改憲派だけなのだ。

そして、改憲派の宣言広告を担当するのが電通である。
では具体的に、どのようなことが起こり得るのか列挙してみよう。

改憲派は電通の力で圧倒的有利に

①改憲派は自民党を中心に結束して宣伝戦略を実行し、最初から電通が担当することが決まっているのに対し、護憲派はバラバラで何も決まっていない。改憲派は国会召集以前から周到なメディア戦略を構築することが可能である。
②改憲派は国会発議のスケジュールを想定できるのに対し、護憲派はあくまで発議阻止が大前提のため、国会発議後にようやく広告宣伝作業を開始する。この初動の差が非常に大きい。
③改憲派は自民党の豊富な政党助成金、経団連を中心とした大企業からの献金を短時間で集めて広告宣伝に使えるのに対し、護憲派は国民のカンパが中心とな

ると思われ、集めるのに時間を要する。さらに、集まる金額も桁が違うことが予想される。広告代理店とメディアは支払い能力の有無を厳しく査定してから広告を受注するので、ここでもタイムラグが生じる。

④改憲派は電通を通じて発議までのスケジュールを想定して広告発注を行い、TVCMのゴールデンタイムをはじめあらゆる広告媒体（新聞・雑誌・ラジオ・ネット・交通広告等）の優良枠を事前に抑えることが出来る。その際、電通は「自動車」「家電」などのダミーネームで広告枠を押さえるため、護憲派は察知出来ない。発注が遅れた護憲派のCMや広告は、視聴率などが低い「売れ残り枠」を埋めるだけになる可能性が高い。

⑤もし投票日が発議後60日後の最も短い期間になった場合、改憲派は事前準備して発議後翌日から広告宣伝をフル回転（広告を放映・掲載）出来るのに対し、護憲派がTVCMなどを放映開始できるのは（制作日数を考慮すると）どんなに早くても2~3週間後となり、その間は改憲派の広告ばかりが放送・掲出されることになる。

この初動の差を埋めるのは至難である。さらに週刊誌や月刊誌などへの広告掲載は既に優良枠を買い占められて、ほとんど何も掲載出来ないまま投票日を迎える可能性すらある。

⑥改憲派は雑誌関係でも国会発議予定日に照準を合わせ、「国民投票特集」のような雑誌タイアップ本、ムック本・新書・単行本の企画・発売を計画できるが、護憲派にそんな時間的余裕はなく、書店店頭は改憲派関連書籍によって占拠される。

⑦改憲派は豊富な資金に物を言わせて大量のタレントを動員し、出演者が毎日変わる「日替わりＣＭ」も制作可能。老若男女に人気の高いタレントや著名人をターゲット層に合わせて出演させ、「改憲ＹＥＳ！」「改憲、考えてみませんか」と毎日語りかける演出が出来る。

⑧改憲派は国会発議のスケジュールに合わせて自前の番組枠を持つことも可能だ。ＭＸテレビの「ニュース女子」のように、スポンサーが資金を出して制作プロダクションに番組を作らせ、テレビ局に持ち込む方式にすればよい。国会発議後、

民放深夜枠やBS・CS放送の時間枠を買い切れば十分可能。

というように、初動の遅れが護憲派に壊滅的打撃を与える可能性が非常に高い。仮に護憲派が相当な資金を集め得たとしても、それを使う場所が全て事前に押さえられていたら、どうしようもないのだ。

たとえ総金額で同じ広告費を投入しても、視聴率の低い時間帯にいくらCMを流しても無駄であるし、購読率の低い雑誌や新聞の広告枠をいくら大量に買っても、やはり意味がないのである。

以上のように、現行の国民投票法は資金を持つ側が圧倒的に有利であり、イコールフッティング（平等な競争条件）の原則からも遠くかけ離れている。

さらに、ことは広告宣伝だけに止まらない。巨額の広告費投入は、クロスオーナーシップで構成される日本の報道現場にも、大きな影響を与える可能性が高い。そこで何が起きるのか。

3・11以前と同様、再びメディアは自粛する

このようなことを書いても、「それは広告費を伴う活動に限ったことだ。報道や討論番組は広告に関係なく中立なはずだから、宣伝広告費の多寡は関係ない」と考える人もいるだろう。

ところが、残念ながらそうはならない。実際の広告宣伝費の投下額に大きな差が生じた場合、民放各社は広告費の多い方に便宜を図る可能性が高い。また、実際にその放送現場を仕切るのは、改憲派の宣伝広告を担当する電通であることも忘れてはならない。

つまりプレーヤーがジャッジの現場に立ち会っているのと同じなのだ。具体的には、次のような印象操作の可能性が生じる。

①スポットCMの発注金額に大きな差がある場合、ゴールデンタイムなどの視聴率が高い時間帯に、金額が多い方のCMをより多く流す（ラジオも同様）。

②同じく発注金額が多く、かつ発注が早ければ、通常はなかなか獲得できないタイム枠（提供枠）のスポンサーになることも可能である。

③一見公平に見える討論番組でも、スポンサーに改憲派企業がつけば内容操作が可能。例えば改憲派は若い評論家や著名人を出席させるのに対し、護憲派は高齢評論家や学者ばかりを揃える、というように番組制作側による印象操作が可能。また、カメラワークによって映る表情や秒数で差をつけることも出来る。

④ワイドショーなどのコーナーでも、放映される時間（秒数）に差をつける、コメンテータの論評で差をつける、そもそもコメンテータも改憲派多数にするなどの操作が可能。

⑤同様に、夜の報道番組に改憲派のＣＭが多数入れば、それだけでその番組が改憲押しであるように錯覚させることが可能。また、報道内容でも放映秒数に差をつけたり、印象を偏らせたりすることが可能だ。

以上のように、特に電波メディアにおける広告資金量の差、発注タイミングの差は圧倒的な印象操作を生む可能性がある。

では上記のような状況を防ぐ手だてはあるのか。それには、おそらく以下のような規制を設けるしかないだろう。

①あらゆる宣伝広告の発注金額を改憲派・護憲派共に同金額と規定し、上限を設ける（キャップ制）。例えば、あらかじめ総金額を1団体5億円、総額で100億円などと規定し、両陣営共その金額の範囲内で使用メディアを選定、その内訳を公表する。

②ＴＶやラジオＣＭの放送回数をあらかじめ規定し、放送時間も同じタイミングで流す。

③先行発注による優良枠独占を防ぐため、広告発注のタイミングを同じにする。

④報道内容や報道回数、放映秒数などで公平性を損なわないよう、民放連に細かな規制を設定させ、違反した場合の罰則も設ける（努力目標では意味なし）。

⑤宣伝広告実施団体（企業）の討論番組へのスポンサード禁止。

⑥ネットメディアへの広告出稿に関しても回数・金額の上限を設ける。
⑦以上のようなメディア規制を実施した上で、独立した第三者機関を設置し、双方の広告宣伝活動を監視・検証する。

しかしこのような資金規制を設けても、結局は影響力が強いテレビとネットメディアへの広告費集中は避けられないだろうし、そこに細かな規制を設けるのは相当困難だ。であるなら、思い切って「テレビ広告は全面禁止」にした方が一番スッキリすると思う。

これは、一番影響力があるメディアが「資金力の差」によって歪むことをあらかじめ防ぐためだ。ちなみに、長い国民投票の歴史を持つ欧州では、主要国がテレビのスポットCM（15秒）を軒並み禁止している（別表参照）。

私は原発広告によってTVメディアが原発ムラにかしずき、原発を批判するニュースを一切流さなかった歴史を研究、告発してきた。だから彼らに「善意」や「公平性」、「正義感」などは全く期待していない。CM広告費をゼロにし、その影響力が偏らな

■国民投票におけるメディア規制　欧州諸国リスト

国名	規制
イタリア	・TVCMは原則禁止。ローカル局で回数均等の場合のみ許可 ・国営・民営放送共に、公的に均等配分される広報時間が設けられる ・テレビ関係者に対し、不偏不党を保つ細かな法規定がある ・新聞の意見広告についても均等な広告枠確保が義務づけられる
フランス	・テレビ・ラジオCMは全面禁止 ・新聞、雑誌等での広告展開に関する規制はなし ・両派の広報活動を監視する第三者機関が設置される
イギリス	・テレビCMは全面禁止 ・公的に配分されるTVの広報スペースは無料 ・新聞、雑誌等での広告展開に関する規制はなし
スペイン	・テレビ、ラジオCMは全面禁止 ・公的に配分されるTVの広報スペースは無料 ・新聞、雑誌等での規制はなし
デンマーク	・テレビCMは全面禁止。ローカルラジオのみCM許可 ・新聞、雑誌等での広告展開に関する規制はなし

いようにするのがベストだと考える。

だが、テレビCMをゼロになどという提案は当然、民放連の強い反対に遭うだろう。それだけでなく、上述したように圧倒的有利な状況にある改憲派が、みすみすその優位性を崩す法改正に応じる可能性も非常に低い。

自民党の保岡興治憲法改正推進本部長は「通販生活」の国民投票特集の取材に対し、テレビCMの禁止は表現の自由に対する侵害だと言っているが、もちろんそんなことはない。

ネットや新聞・雑誌での広告展開は自由なのだから、そちらで大いに意見を主張すればよい。テレビCMはカネがかかりすぎて不平等を生むから、その表現方法だけを制限するということだ。

2016年参院選における自民党TVCMのごり押し

このように改憲派のメディアジャックの危険性を指摘しても、メディア側にも放送法による規制やCM審査（考査）部門があるから、そう極端なことにはならないという指摘もあるだろう。だがそれも現実を知らぬ大甘な考えであることを実例で示そう。これはどのメディアでも報道されていない独自情報だ。

2016年の参院選挙において、自民党は電通（TBS・フジ）、ADK（テレ朝・テレ東）、I&S（日テレ）の3社を使って民放各局にテレビCMの発注を行った。

その際、30秒CM案として各局に配られた絵コンテが大問題となった。

安倍首相が「今、日本は、確かな回復の兆しが見え始めています」と語りかけながらその後ろに様々な画像が流れるのだが（213ページA）、その候補の1つに、広島を訪問した米オバマ大統領と安倍氏が握手したり、語り合うシーン（214ページB）が入っていたのだ。

ほとんどの国民は知らないが、選挙の際に流れるのは「政党CM」であり、「政府のCM」ではない。だが政権与党側は、往々にしてこの境界線を突破しようとして、自党に都合のいいCM案を提案してくる。この絵コンテにあったオバマの広島訪問は日本政府の招致に応えたもので、「自民党の実績」ではなかった。よって全局の審査部がこのCM案を問題ありとして突き返した。

それに対し、自民党の意を受けた電通は諦めず、「オバマ氏の写真起用」の正当性を主張する書類を全局に送りつけ（215ページC）、さらにあるキー局との交渉では弁護士まで打ち合わせに参加させるという前代未聞の強硬策に出た。だがそうまでしても各局が譲歩しないことを確かめると、今度は一転してオバマのカットを引っ込めて、代わりに様々な経済実績を並べる「ファクト案」を出してきた。

しかし、そこに書かれている「ファクト」があまりにも根拠が曖昧であったため、全局が一旦はこの案を拒否した。そのファクトと曖昧な点とは、

○自民党CM案に提示されたファクトとナレーション

①全都道府県で有効求人倍率1倍超
②雇用110万人増加
③国民総所得36兆円増加
④賃上げ3年連続2%達成
日本は、今、前進しています。
雇用も、所得も全国で大きく改善しています。
止めてはいけない。この流れを。
前進か、後退か。停滞したあの時代に後戻りさせてはならない。
私たちは、結果を出していきます。
この道を。力強く、前へ。

自民党

○各テレビ局審査部が指摘した疑問点

①有効求人倍率は少子化による分母の縮小で増加に見えるだけである。しかも正社員の有効求人倍率は16年4月時点で0・85倍にすぎない。

②「雇用の110万人増加」は正社員が30万人減で、その分パートや非正規労働が増えただけである。

③なぜGDP（国民総生産）ではなく、国民に馴染みのないGNI（国民総所得）を使用するのか。36兆円増は物価上昇や企業内部留保、円安が原因で自民党の実績ではない。

④「3年連続2％賃金増加」は厚労省ではなく大企業組合ばかりの連合の数字をわざと起用し中小企業の数字を排除している。実質賃金は5年連続マイナスで5％も落ち込んでいる。

等であり、その全てに対し、あまりに恣意的な数字を使っているとして強い疑問が出されていた。

だが電通は「オバマ案を諦めたのだからこちらを通せ」といわんばかりに強硬で、数字の根拠をあれこれ提出して各局に圧力をかけた。

その結果、理屈を大前提とする審査部は許可しないが、営業部として大局的な見地から受理するという判断で各局が折れ、内容根拠が薄弱なファクトCM（216ページD）が全国で流れることとなったのだ。

これはまさに、自民党と電通が組んで全テレビ局に圧力をかけた非常に分かり易い事例であったが、大手メディアはどこもこの大問題を報じなかった。

各局とも、政党CMの中で一番本数が多い自民党のCMは受注額が大きいからすぐにでもOKしたい。しかし、その内容があまりにも粗雑で真偽不明の記述が多く、事実関係に責任を持つ審査部はなかなか許可を出さないから、そのままではCMを流すことができず、せっかくの利益機会をむざむざ逃すことになる。そこでギリギリまでもめた場合は、「営業受理」案件として結局は審査部の主張を退け、受注を優先することになるのだ。

このように、政権与党の代理人（電通）から圧力を受けた場合、メディアは最終的

自由民主党　テレビCM　30秒　　「この道」篇 A案

■日本の未来を見つめる
安倍総裁。

（安倍総裁）
今、日本は、
確かな回復の兆しが
見えはじめています。

■安倍総裁の左右に出現する
人々の暮らしの映像。

有機 EL ディスプレイの
ような先進モニターに
映し出された映像が
空間に次々と現れる。

手放してはいけない、
この手ごたえを。

■道を歩き始める
安倍総裁。

止めてはいけない、
この流れを。

前進か、後退か。

前進か、後退か。

■力強い足元の UP。

前に進むために、
消費税増税の延期を、
決断しました。

進むべき道は、
アベノミクス。

■拳を握りしめて
力強く宣言する
安倍総裁。

■光る、新・三本の矢。

この道を。
力強く、前へ。

自民党

A

自由民主党　テレビCM　**使用写真、動画候補**　「この道」篇

B

２０１６年6月１７日

[redacted]

オバマ大統領 広島訪問時の画像使用について

毎々格別なるお引き立てを賜り厚く御礼申し上げます。
標記の画像素材の TVCM の使用につきまして、当方の見解を以下の通り申し上げます。再度ご検討を賜りますよう、よろしくお願い申し上げます。

記

このたびのオバマ大統領の広島訪問は、日米関係を外交の基軸と考える自民党政権でこそ実現したものです。自民党は、政党として独自の議員外交を重ね、米国との信頼関係を築いてまいりました。
具体的に以下の自民党の活動が、歴史的訪問の実現に寄与したと認識しております。

１）米国大使館をはじめとした在京大使館との会議を毎月２回開催し、常に米国や諸外国との意見交換を密にしてまいりました。
２）来日する米国政府・議会関係者と党役員との面会を頻繁に行ってまいりました。
３）自民党の広島県選出国会議員である河井克行衆議院議員が、総理補佐官になる以前から十数度に渡り訪米し、米国関係者との協議を重ねておりました。

したがいまして、自民党の政党広告（TVCM）の中でオバマ大統領広島訪問の写真を使用することは自民党の政治活動であると考えます。

以上

C

自由民主党　政党広告　テレビCM「この道」篇　30秒

■日本の未来を見つめる
安倍総裁。

（安倍総裁）

日本は、今、
前進しています。

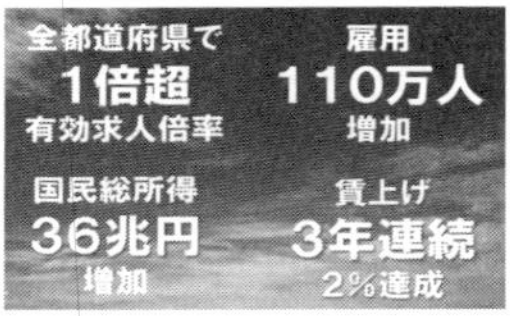

雇用も、所得も
全国で大きく
改善しています。

■歩きながら決意を
語る安倍総裁。

止めてはいけない。

この流れを。

前進か、後退か。

■正面からカメラを通じて
力強く語りかける総裁に
ゆっくり ZOOM IN

停滞したあの時代に
後戻りさせてはならない。

私たちは、
結果を出していきます。

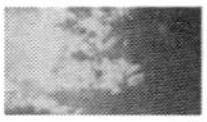

■太陽の光を背景に、
拳を掲げる総裁のアップ

この道を。
力強く、前へ。

自民党

D

にその意に逆らえない可能性が非常に高い。

その倫理観は「営業収益」という錦の御旗の前では二の次であり、そのような脆弱な倫理観しか持たないメディアが、国民投票の際に改憲派の「札束攻勢」に屈するであろうことは容易に想像出来る。

つまり各局の自主規制や民放連の自主規制など、あってなきの如しなのだ。だから、国民投票法を改正し、法律できちんと広告規制をかける以外に方策はないと考える。

電通は独占禁止法違反ではないか

２００５年11月、公正取引委員会は広告業界に対し「戦前のカルテル（価格統制）が取引慣行に残っている特異な業界」とし、独占禁止法違反の疑いがあるとする「広告業界の取引実態に関する調査報告書」を公表した。その主な内容は、
・寡占化の進行　04年の電通・博報堂・ＡＤＫの大手３社によるテレビＣＭシ

ェアは65%、電通単独で37%にも達している

・新規参入が困難　テレビ番組のスポンサー変更は既存の広告主が継続しない場合のみに限られ、その情報も大手3社に集中するため、事実上新規参入が困難になっている

・特別報奨金の存在　テレビ局との取引高が多い大手3社にテレビ局からの特別報奨金が支払われており、通常のCM契約金に上乗せされている

等であったが、その狙いが電通にあったのは誰の目にも明らかだった。その報告書は50ページ以上にも及び、電通・博報堂・ADKなどの実名が並んでいたからだ。

この発表から5年後の2010年、公取はフォローアップ調査として再度、テレビ広告に重点を置いた報告書を公表した。

だが、前回よりも商慣行において多少の改善が見られるとして、前回ほどの強い注意喚起にはならなかった。とりわけ、業界の問題点として前回特に大きく扱われた番

組CMの上位3社によるシェアが微増になっているのに、そのことに警鐘を鳴らさないのは不可解であった。

そして現在（2017）年は調査から12年が経過したが、広告業界における電通のプレゼンスはさらに確実に増大している。05年の電通の売上高は1兆5771億円で当時の総広告費6兆8235億円の約23％であった。そのような状況で、公取は電通の独占禁止法違反を疑って調査をかけたのだ。

これに対し、16年の電通の売上高は国内1兆8900億円、海外と合わせれば4兆9千億円にも達している。このうち国内数字だけを見ても、16年の国内総広告費6兆2880億円の約30％を占めているのだから、前回調査よりも7％上がっており、その増大ぶりは明らかである。これだけでも、12年前の調査時より寡占が進行しているとして、再調査をかける理由になるはずだ。

さらに、その連結売上4兆9千億円は博報堂（DYホールディングス）の売上高1兆2554億円の優に4倍近い数字であり、日本の総広告費の7割にも達している。たとえ国内売り上げ高の差が約6000億円だとしても、全売り上げで4倍近い差があり、売上利益も3倍近い開きがある。

業界1位と2位の差がここまで開いてしまっては、もはや正常な競争が難しいと考えるのは、誰の目にも明らかだろう。

また、テレビメディアにおけるシェアが37%と、12年前と全く変わっていない。さらにこのシェアの中身は、そのほとんどがゴールデンタイムなどの視聴率が高い（即ち高価格で販売出来る）時間帯に集中しているから、非常に収益力が高い。つまり、ただ単に多くのCM枠を持っているだけではないのだ。その利権構造は12年前に比べ、余分（視聴率が低い時間帯）を手放し高視聴率時間帯に集中させることで、コストパフォーマンスが上昇している。

独占禁止法が売り上げの大きさ（シェア50%等）だけでなく、慣習等を含め業界全体における寡占状況を判断するのなら、現在はまさしく再調査に値する状況にあると言えるだろう。

公正取引委員会は前回報告書の中で「今後とも、公正かつ自由な競争の促進の観点から、インターネット広告に関する取引の動向も含め、広告取引における取引慣行全般について注視していくこととする」としている。

その言葉に嘘がないのなら、ますます巨大化している電通の独占禁止法抵触可能性を徹底的に調査すべきである。

電通は解体すべきだ

ここまで見てきたように、電通という会社は日本という国の様々な場面に関与し、尋常ではない影響力を誇っている。

その力は「第4の権力」たるメディアを軽々と凌ぐ、「第5の権力」となっていることは、本書を読んでいただければお分かり頂けただろう。広告を主業務とする企業がここまで巨大な影響力を持ったことは、恐らく世界の歴史上一度もない。

16年後半から17年にかけての新入社員自殺事件に伴う騒動で、電通のブランドイメージは地に堕ちたが、広告業界におけるプレゼンスはさほど揺らいではいない。もしそれが数字に現れるとしてもこれからだが、取材している限りで電通の売り上げが劇的に減少している、またはその兆候があるという話は聞かない。労働問題でのイメージ悪化は最悪となったし、様々なメディアが批判はしたが、それ以外の本業における問題点は誰も追及していないのだ。

あれだけ様々な事件が多発しても、電通から他社に乗り換えないスポンサー企業側にも問題がある。

ネット広告不正はトヨタの指摘で明るみに出たが、そのトヨタでさえ電通への広告扱いを多少減らしたものの、全て他社に乗り換えた訳ではない。また、その不正で損害を受けたと自ら公表した企業もない。通常ならば、顧客を騙して不正請求を行い、人命を軽視し、国にブラック企業と認定されるような企業は顧客も離れていくはずなのに、電通からはなかなか離れないのだ。

その理由は既に書いた。電通が持つメディアへの影響力やシェアに揺るぎがない以上、営利最優先の多くの企業は、広告の費用対効果を考えて電通を利用した方が得だと判断し、他社へと切り替えずに電通の顧客に留まっている。また、博報堂やADK

にも、いきなり電通から自社へ数百億円もの広告扱いを切り替えられても、受け止められるマンパワーがない。だから多少の不満を持っていても、多くのスポンサーは電通と手を切れないのが実情なのだ。

だがもし電通という企業と社員が真に反省し、企業風土が変わった、または確かに変わりそうだというのなら、まだ救いがある。しかし、残念ながらそんなことはない。社長が「会社再生のために自由な議論を」と言いながらＮＨＫのインタビューに答えた社員を懲戒処分とし、22時消灯というパフォーマンスをしつつ実は周辺の協力企業やプロダクションで深夜残業し、さらにはその実態を漏らさぬよう、強力な箝口令を敷いて社員だけでなく関係者も黙らせている。

また、多くの社員は高橋さんの自殺を迷惑としか感じていない……これが取材を通して見えてくる電通の実態である。結局、何も変わってはいないし、その意志さえないのだ。

このような、徹頭徹尾ブラックな電通という企業に対し、常日頃企業倫理や社会貢献が大事などと言いつつ、いざ取引先がブラック企業であると明らかになってもそこを使い続けるというのは、企業倫理上いかがなものであろうか。電通のような「脱法企業」を、日本を代表する多くの超一流企業が黙認してきたからこそ、あのような痛ましい事件が起きたのだ。

そして巨大化した電通は、広告業界に留まらない影響力を国民に及ぼす。特に本書の後半で紹介した憲法改正国民投票における存在は不気味でさえある。あまりにも一方的なメディアコントロールを可能とする力を持ち、国家の未来をも左右する恐れがあるというのは非常に危険なことだ。

東京五輪を頂点とした、日本のあらゆるスポーツビジネスにおける独占的立ち位置も見逃せない。

現在わが国での大型スポーツイベントは、全て電通の巨大利権となっている。巨額の放映権料やスポンサー料が発生するスポーツイベントを独占出来るということは、それだけでもメディアに対し強力な発言権を持つということだ。

そのイベントを中継するテレビ・ラジオ、新聞雑誌、ネットメディアに対し、そのイベントを賞賛し、さらには特定の競技や選手を礼賛することを「推奨」という言い方で強制出来る。

このやり方は来るべき東京五輪でも使われるだろう。だが本書で指摘した五輪における無償ボランティア問題は、大手メディアではほぼスルーされる。それは電通がそうさせるというよりも、電通を通じて五輪で利益を受ける企業が自主規制するからである。

つまり電通という存在は、広告業界という狭い範囲だけでなく、五輪や国民投票という日本と国民のゆく末にさえ、大きく関与している。これはどうみても一企業の度を超えていると言うべきで、やはり電通はもはや解体もしくは分割すべき時期に来ているのだ。

最も簡単なのは、メディア関連部門を営業部門から切り離し、独立した事業体にすることだ。メディア販売と広告制作部門の独立採算は、海外ではごく一般的な形式である。電通の力の源泉はメディア支配にあるのだが、それは営業部門との密接な連携があってこそだ。そこを断ち切れば、現在のような圧倒的優位性は減少する。

また、スポーツイベント事業も独立採算にすれば、三分割に出来る。企業としてはメディア・営業・スポーツ事業それぞれに強みを保持したまま分割すれば、その後も競争力は保持出来るはずだ。

だがもちろん、そこには競争原理が働くから、それぞれが他の広告代理店と協働しても構わない。それこそが公正な競争原理の導入だし、今のままの電通一社単独支配が続くより、広告業界にとっても余程開かれた競争市場になると思われる。

大昔、「鉄は国家なり」という言葉があった。産業革命後の技術革新により、鉄（鉄鋼）の生産量こそが国力のバロメーターであるという意味だ。その後時代は流れ、世界における産業の中心は何度も変わった。また、様々な業界におけるトップ企業も何度も変わった。

しかし、日本の広告業界における盟主は戦後一度も変わらないどころか、ますます強大化し、日本社会の隅々にまで影響を及ぼしつつある。

電通が単なる広告屋であるなら、どれだけ大きくなっても大した問題ではない。だが本書で示して来たように、現在の電通は第4の権力であるメディアを凌駕し、国民世論をも操作出来るほどの力＝権力を持ってしまっている。そして集中した権力は必ず腐敗する。

わが国の健全な未来のために、電通という超巨大企業をどうするべきなのか。国民全体で考える時が来ている。

おわりに

ナチスを追及した作家のハンナ・アーレントは、「悪の陳腐さ」「悪の凡庸さ」という言葉でナチスに協力した人々を定義した。ユダヤ人虐殺の罪に問われたアドルフ・アイヒマンは怪物ではなく、ただ思慮の欠如した凡庸な官僚だった。アーレントは、思考停止した多くの人々の無責任さが、巨大な悪をのさばらせたと告発したのだ。

ナチスは滅んだが、アーレントが指摘した陳腐で凡庸な悪は、現代世界にも形を変えて存在し、人々を苦しめている。日本にもそうした悪は山ほどあるが、利益のために法令を破り、人命を軽んじてきた電通という企業と、その存在を許容してきた日本社会もその一つだと私は考えた。

本書では、大手メディアがいかに電通に対して忖度しているかという実例と、不祥事が多発しても電通にしがみつく多くのスポンサー企業の論理も解説した。電通を批判してはならない、批判したら自分が関係する仕事に支障が出る。それなら批判せず、見て見ぬふりをしておこう。もしそれが不公正なことだとしても、黙ってさえいれば明日の給料は保証される。そういう人々の「陳腐で凡庸な自己保身」が電通に対する「忖度」や「自主規制」となってきた。

また、オリンピックでボランティアがタダでこき使われようが、熱中症で倒れようが、それはその人たちの自己責任。スポンサー企業や大手メディアに勤める自分たちには関係ないし、批判などしても面倒だからとひたすら無批判に沈黙する。こうした多くの人々の「事なかれ主義」こそが「陳腐で凡庸な悪」であり、その堆積が一連の電通問題の根源にある。これを、誰かが公《おおやけ》にしなくてはならないのではないかと考えた。

アマゾンやグーグル、アップルやマイクロソフトなど、さまざまな業界において電通のように他社を圧倒するナンバーワン企業は存在する。しかし、それらはいずれも社会的イノベーションの提供という果実を、利用者のみならず全世界の人々に届けている。だからこそ様々な問題や批判を抱えながらも支持されているのだ。

わが国でも、戦後発展したトヨタや松下、ソニーや東芝といった大企業には、国家国民の福祉や繁栄実現のために会社がある、という社是があった。だからこれらの企業には、社会への様々な貢献活動の長い歴史がある。

しかし、電通にはそれがない。鬼十則を見ても明らかなように、ひたすら自己の栄達と利益確保を煽り、目標の達成のみを最大価値としている。

そのためには掴んだら放すな、死んでも放すなと鼓舞しまくるが、そうして得た利益で日本の社会に貢献しようという文言もなければ意欲もない。カネを払うスポンサーに対しては徹底的に尽くすが、そこで得た利益を社会に還元しようという意識がない。

売上高5兆円に迫る超巨大企業は、実に「陳腐で凡庸で利己主義的」な集団なのだ。電通のような業態は日本にしか存在せず、また周囲の電通に対する自主規制ぶりは極めて異常だ。そうした状況を一人でも多くの人に知って欲しいと願って本書をまとめた。ここで、本文執筆後の動きを捕捉しておきたい。

新入社員自殺事件その後

２０１７年7月12日、東京地検は会社としての電通を略式起訴し、上司３名は不起訴とした。広告業界最大手企業を根幹から揺るがし、半年以上に渡って世間を騒がせた事件は、大山鳴動して鼠1匹さえ挙げられずに終結した。略式起訴となったおかげで電通経営陣は胸を撫で下ろしただろう。東京オリンピックへの打撃も最小限に止められた形だ。

だが、人一人を自殺に追い込んで終局的に誰の責任も問われなかったことは全く納得できない。この事件を拡大させる震源地となったネット上では、検察に対する強い批判が渦巻いた。

これに対し、東京簡裁が公開審理としたことがせめてもの救いとなった。簡裁の措置が国民の声を代弁していることは、誰が見ても明らかだろう。たとえ簡裁での一回の審理でも、電通の社長が裁判所に出頭させられる意義は非常に大きい。この審理内容にも注目していきたい。

膨張する東京五輪開催時期への疑問

略式起訴を受け、東京都は電通を17年7月19日から1ヶ月間の指名停止処分とした。略式起訴だったためか、非常に軽い処分で済んでいる。ちなみに電通は16年度、都から五輪関係イベント等で約20億円を受注していた。

17年も盛夏となり、多くの人々が東京の酷暑の中での五輪実施を不可能と感じるようになってきた。実際に都内の暑さの中でマラソンと同じ距離を走り、その過酷さをリポートしたテレビ番組も現れた。

ここへ来て、本書で指摘した無償ボランティアの問題以前に、酷暑の時期の開催そのものを疑問視する声が大きくなってきたのだ。まともな感覚の持ち主であれば、熱中症警報が毎日発令されるような場所でスポーツの祭典を開くなど、正気の沙汰でないことが分かるはずだ。

しかし、五輪スポンサーとなっている朝日・毎日・読売・日経の各紙は、この酷暑問題を強く追及していない。なぜなら、酷暑を根本的に解決する方法などあるはずがなく、強く批判すると開催日程の無謀さが明らかになり、組織委やJOCを批判することに繋がるからだ。

いったいなぜこの酷暑に開催するのかというと、アメリカのプロ競技界が夏休みで、IOCに巨額放映権料を払う米国の3大ネットワークの中継が暇な時期だからだ。つまり、組織委やJOCに開催時期の交渉の余地などありはしないのだ。

それを承知で手を挙げてしまったことが諸悪の根元で、夜中に競技をやれとか酷暑でもガンバレとかメチャクチャな状況になっているのだ。

だが、仮にアスリートの暑さ対策がなんとかなったとしても、現場を支える9万人以上のボランティアと、五輪にあわせて来日する数十万人の観光客の健康を守れるのか。熱中症の危険性を十分知っているはずの日本人ですら、この時期は全国で1日に数百人が倒れて搬送されているのに、初めて来日する人々は日本の蒸し暑さを想像もしていないのであり、その多くが倒れる事態は十分に予想がつく。

さらに、海外からの客が必ずしも英語を話せるとは限らない。最悪の場合、国内と海外からの熱中症患者の同時大量発生で都内の医療機関が溢れ、パニックに陥る可能性すらある。その場合の責任を組織委が負えるのか。「おもてなし」「レガシー」などという美辞麗句で国内外から数十万人規模の人々を集め、多数の健康を損なう危険性を冒してまで五輪開催を強行するのは、強欲な「オリンピックファースト主義」に他ならない。

組織委と電通の責任は極めて重く、無償ボランティア問題と合わせて今後も徹底的に追及していきたい。

憲法改正国民投票法問題

4年半にわたって一強体制を謳歌してきた安倍政権も、17年7月の東京都議会議員選挙の惨敗で失速、安倍首相が目標とする2020年までの改憲に黄信号が点った。17年8月段階での各社世論調査では安倍内閣への不支持が支持率を上回っており、直近の改憲発議そのものが難しくなったとする観測もある。

しかし、改憲発議があろうがなかろうが、本書で指摘した国民投票法の制度的欠陥(=広告規制がない)は早急に改善しなければならない。国民投票法という法律が存在する限り、いつかは投票が行われる。

その時に備えて、公平公正な土俵作りに知恵を絞り、時間切れで何も改善できなかったという最悪の事態だけは避けなければならない。国民投票法の問題に関しては、拙著『メディアに操作される憲法改正国民投票』(岩波ブックレット)も参照頂ければ幸いである。

なお本書の第3〜4章は、16年の9月〜12月に「デジタル鹿砦社通信」「メディア黒書」などのネットサイトに寄稿した文章を底本とした。そのため言い回しが現在進行形となっていたり、他の項と重複したりしている箇所があるが、重要な事項は敢えてそのままとした。

最後に、本書は多くの方々のご協力によって作られている。貴重な証言をしてくださった電通、博報堂、メディア内部の方々をはじめ、ツイッターなどで情報を送ってくれたフォロワーの皆様、様々な意見交換をさせて頂いた記者の方々に御礼を申し上げる。

また、長期にわたった執筆期間を通じてご協力頂いた編集の野口英明氏、電通批判の内容ゆえに他の出版社では発行が難しい本書の発売をご決断頂いたサイゾーの揖斐憲社長にも、心から感謝申し上げたい。

「ジャーナリズムとは誰かが報じられたくない事を報じることだ。それ以外のものは広報に過ぎない」(ジョージ・オーウェル)

この言葉を胸に刻み、今後も活動を続けていきたい。

2017年9月

本間　龍

〔主要参考文献〕

『電通事件　なぜ死ぬまで働かなければならないのか』北健一（旬報社）
『電通の正体　マスコミ最大のタブー』週刊金曜日取材班（金曜日）
『電通の深層』大下英治（イースト・プレス）
『洗脳広告代理店　電通』苫米地英人（サイゾー）
『電通とFIFA　サッカーに群がる男たち』田崎健太（光文社新書）
『電通公害論　広告王国のゆがんだマスコミ操作』猪野健治（日新報道）
『電通公害論〈続〉政治権力と癒着する広告大国』猪野健治（日新報道）
『電通』田原総一朗（朝日新聞出版）
『始動！　調査報道ジャーナリズム「会社」メディアよ、さようなら』渡辺周・花田達朗・ワセダクロニクル（彩流社）
『オリンピック経済幻想論　2020年東京五輪で日本が失うもの』アンドリュー・ジンバリスト著　田端優訳（ブックマン社）
『東京オリンピック「問題」の核心は何か』小川勝（集英社新書）
『オリンピックと商業主義』小川勝（集英社新書）
『2020年東京五輪の黒いカネ』一ノ宮美成（宝島社）
『超早わかり　国民投票法入門』南部義典（C&R研究所）
『Q&A解説　憲法改正国民投票法』南部義典（現代人文社）
『ハンナ・アーレント　「戦争の世紀」を生きた政治哲学者』矢野久美子（中公新書）
『全体主義の起源1　反ユダヤ主義』ハンナ・アーレント（著）大久保和郎（翻訳）（みすず書房）

編集・出版プロデュース
野口英明

本間 龍（ほんまりゅう）
昭和37年東京都生まれ。昭和64年に博報堂に中途採用され、その後約18年間、一貫して営業を担当。平成18年同社退職。博報堂時代の経験から、原発安全神話を作った広告を調査。原発推進勢力とメディアの癒着を追及し、新聞、雑誌などにコメントや記事を執筆する。また、大手広告代理店とメディアの癒着、電通のネット広告費不正請求など不祥事報道を自主規制するマスメディアの問題をネットで発信する。主な著書に、『名もなき受刑者たちへ　黒羽刑務所第16工場体験記』（宝島社）、『転落の記』（飛鳥新社）、『電通と原発報道』（亜紀書房）、『大手広告代理店のすごい舞台裏』（アスペクト）、『原発広告』（亜紀書房）、『だれがタブーをつくるのか――原発広告・報道を通して日本人の良心を問う』鈴木邦男、本間龍（共著、亜紀書房）、『原発プロパガンダ』（岩波新書）、『メディアに操作される憲法改正国民投票』（岩波ブックレット）などがある。

電通巨大利権
東京五輪で搾取される国民

二〇一七年十月一七日　初版第一版発行

著　者　本間　龍
編　集　野口英明
装　丁　坂本龍司
DTP　inkarocks
発行者　揖斐　憲
発行所　株式会社サイゾー
〒一五〇-〇〇四三
東京都渋谷区道玄坂一-一九-二-三階
電話　〇三-五七八四-〇七九〇（代表）
印刷・製本　株式会社シナノパブリッシングプレス

ISBN978-4-86625-093-9